基于技术创新的我国交通企业国际化创新发展与实现路径

陈积志 著

中国财经出版传媒集团
中国财政经济出版社

图书在版编目（CIP）数据

基于技术创新的我国交通企业国际化创新发展与实现路径 / 陈积志著. --北京：中国财政经济出版社，2023.2

ISBN 978-7-5223-1879-0

Ⅰ.①基… Ⅱ.①陈… Ⅲ.①交通运输业-国际化-研究-中国 Ⅳ.①F512.3

中国国家版本馆 CIP 数据核字（2023）第 018352 号

责任编辑：葛　新　　　　责任校对：胡永立
封面设计：孙俪铭　　　　责任印制：史大鹏

基于技术创新的我国交通企业国际化创新发展与实现路径
JIYU JISHU CHUANGXIN DE WOGUO JIAOTONG QIYE GUOJIHUA CHUANGXIN FAZHAN YU SHIXIAN LUJING

中国财政经济出版社 出版

URL：http：//www.cfeph.cn
E-mail：cfeph@cfeph.cn

社址：北京市海淀区阜成路甲 28 号　邮政编码：100142
营销中心电话：010-88191522　编辑部门电话：010-88190640
天猫网店：中国财政经济出版社旗舰店
网址：https：//zgczjjcbs.tmall.com
北京财经印刷厂印刷　各地新华书店经销
成品尺寸：170mm×240mm　16 开　12.5 印张　179 000 字
2023 年 2 月第 1 版　2023 年 2 月北京第 1 次印刷
定价：68.00 元
ISBN 978-7-5223-1879-0
（图书出现印装问题，本社负责调换，电话：010-88190548）
本社质量投诉电话：010-88190744
打击盗版举报热线：010-88191661　QQ：2242791300

本书依托以下课题项目的研究成果：

◆2022 年度济南市哲学社会科学研究课题，课题类别：重点项目。课题名称：《济南市“专精特新”企业技术创新的机理与实现路径研究》，课题项目编号：**JNSK22B32**

◆2018 年度山东省社科规划课题，项目类别：一般项目。课题名称：《一体化综合交通体系格局构建与山东交通业新旧动能转换》，课题项目编号：**18CCXJ13**

◆2023 年度山东省自然科学基金课题，项目类别：面上项目。课题名称：《面向自立自强的山东省制造业“专精特新”企业技术创新的形成机理分析与政策体系逻辑构建》

◆山东省 2023 年度重点研发计划（软科学项目）课题，计划类别：一般项目。课题名称：《面向自立自强的山东省制造业“专精特新”企业技术创新的形成机理与政策体系建设研究》

◆2023 年度山东省人文社会科学课题，课题名称：《面向自立自强的山东省制造业“专精特新”企业技术创新的形成过程与政策体系建设研究》

◆2023 年度山东省艺术科学重点课题，课题名称：《山东省制造业“专精特新”企业技术创新的形成过程与政策体系建设》

前　言

在经济全球化环境中，企业发展好坏对一国经济发展起着至关重要的作用，实施国际化创新发展已成为企业生存和发展的客观需要。本书基于技术创新的研究视角，以我国交通企业国际化创新发展为研究对象，在对相关理论进行综述的基础上，对发达国家交通企业的国际化历程进行了分析和总结，并提炼出了可供借鉴的经验与启示；分析了我国交通企业实施国际化创新发展的内外部环境因素，提出了我国交通企业实施国际化创新发展的对策和实现路径。同时，构建了国际化创新发展的评价指标，通过 AHP 分析法分析了我国交通企业国际化创新发展的现状及问题，并给出了较为具体的策略建议。此外，本书详细阐述了我国交通企业实施国际化创新发展的内在动因，为我国交通业如何充分利用国内国外两个市场、两种资源，拓展国际市场空间，促进产业结构调整优化升级，提升我国交通企业的国际竞争力提供了思路和参考对策。

本书重点研究了我国交通企业国际化创新发展的实现路径，主要从三个方面展开：一是发展战略，主要研究了国际化创新发展的进入模式，并借助 Bertrand双寡头模型、Cournot 竞争模型对进入的影响、兼并收购策略等问题进行了分析；二是具体的实现路径，主要提出了以“立足国内、放眼全球”、“绿地投资、国际并购”等为重点的路径方针，以“进入市场”、“品牌自主”等为重点的路径措施，以“从订单拉动产品到产品拉动市场”为重点的路径转型；三是风险控制，主要研究了国际化创新发展中存在的风险种类、风险成因、风险控制等内容。

在技术创新环境下，面对千变万化的国际市场，系统研究我国交通企业国际化创新发展是一个具有一定挑战性的课题。我国交通企业要想走出国门、站稳脚跟，必然要在这方面加强探索和研究。因此，分析和研究与国际化创新发展密切相关的问题具有一定的理论指导和现实借鉴意义，特别是能为正在实施国际化创新发展的我国交通企业提供相应的理论指导。

本书的研究内容主要包括以下几个方面：

第一，对本书的研究背景、研究意义、相关理论、国内研究现状等进行了简要概述。

第二，阐述了技术创新、低碳发展和"一带一路"倡议助力我国交通企业国际化创新发展，以及发达国家企业国际化发展的相关情况，分析和总结出了一些经验及启示，为我国交通企业实施国际化创新发展提供了有益的借鉴。

第三，重点对我国交通企业国际化创新发展的现状及问题、潜力、环境、风险等进行了分析。借助 AHP 分析法重点评价了我国交通企业国际化创新发展；通过 SWOT 分析法对我国交通企业国际化创新发展的优势、劣势、机会和威胁进行了分析。

第四，结合我国交通企业国际化创新发展存在的诸多不足以及面临的各种环境，探讨了国际化创新发展下的策略选择问题。借助 Bertrand 双寡头模型，得出了企业国际化创新发展的结果及其对策；在对我国交通企业兼并收购策略分析中，借助 Cournot 竞争模型，从理论上证明了，只为获得更多垄断势力而合并的企业会盈利，且追求规模收益是企业进行合并的动机之一。

本书尽管有其理论和现实意义，也在一定层面上进行了积极的创新尝试和深度研究，但是由于受制于主观上的能力局限和客观上的条件约束，研究局限还是存在的。随着技术创新的进步和经济的快速发展，我国交通企业国际化将不断呈现出新的发展特点和演变规律，需要进一步跟进研究和深入探索。

基于技术创新的研究视角，在低碳发展和"一带一路"背景下，进一步深入研究我国交通企业国际化创新发展路径的实现对策和推进思路，借鉴更前沿、更科学的理论模型，研究我国交通企业参与国际竞争与合作的新思路、新方法，仍需进行持续探索。

由于作者水平所限，书中难免存在诸多不足之处，祈盼学术前辈及各界同仁不吝批评指正！

著者

2023 年 1 月

目 录

第1章 绪论

企业国际化是在经济全球化和信息化条件下，企业在全球运营发展过程中积极参与世界分工体系所做出的竞争战略选择[1]。从宏观角度看，企业国际化是指国家产业政策、体制创新、管理创新、品牌创新和人才培训等融入全球化的过程，旨在增强国际竞争力和竞争优势[2]。从微观角度看，企业国际化是指国际市场竞争与合作的过程，例如，进入国外市场的方法和实现路径。

当前，对我国许多企业来说，企业的国际化发展已是新时代的迫切任务，我国企业的国际竞争力和企业的经营管理水平正在面临经济全球化和网络信息化的挑战，基于技术创新的国际化创新发展是多数企业赢得竞争优势的必经之路。本书的研究目的在于为我国交通企业国际化创新发展的规划与实施提供参考和理论依据，帮助我国交通企业尽快进入国际市场，参与经济全球化，并充分利用国际国内双循环大市场，提高我国交通企业管理创新能力和国际竞争力。

1.1 研究背景

经济全球化已经逐渐成为当今世界各个国家经济发展的“主旋律”，各个国家、各个地区之间的经济，由彼此的孤立与隔离走向了相互关联与依靠，这是生产社会化进程中的客观需求，也是国家经济发展的一种必然规律及长期趋势。资源配置的全球化和市场一体化正在成为经济全球化的基础和核心，它有力地推动了全球经济合作和贸易不断深化[3]。

经济全球化为各个国家的经济发展提供了一个公平平台以及在此基础之上的共同规则，可以说，全球经济已处于一体化的环境之中。

随着经济的发展，促进贸易和投资自由化和建立多边贸易体系以及扩大市场开放和持续推进经济全球化进程是各国实现发展和繁荣的必经之路[12]。当前出现的贸易保护主义倾向不能阻碍经济全球化的发展，当前国际社会的主流是遵守多边规则和国际间的互相合作。经济全球化在生产、贸易、市场、投资、金融和科技等领域全面展开，各国经济在各个层面上相互作用、相互促进、相互影响，经济全球化趋势进一步明显。

经济全球化给企业带来巨大的机遇和挑战，经济全球化能够降低汽车零部件关税以及非关税壁垒，对汽车贸易的发展有一定的促进作用。部门减让是 WTO 中一个非常重要的领域，它是减让工业领域的关税，把工业分成若干个部门或者是若干个领域，在这个工业部门或者工业领域，产品关税要大幅度降到零或者接近于零，这是一个极度自由化的关税减让，是作为工业品谈判的一个补充。到目前为止，跟汽车有关的是日本牵头提出的关于汽车领域的零关税。这将给我国带来一定影响，虽然多边投资和双边的各种投资贸易自由化，可以加快企业的成长，促进企业的国际化，推进各国的技术交融，但是中国汽车产业也要面对压力和挑战[14]。首先，面对开放的市场我们准备得是否充足，是否能够应对来自各国的强有力竞争；其次，面对纷繁复杂的国际市场环境，资产整合将更强烈。

在经济全球化环境下，我国交通企业的经营环境发生了巨大变化，企业全球竞争时代已经来到。尽管在大多数情况下，进入国际市场的动机是为了优化成本或增加市场机会并扩大业务范围，但仍有许多因素会影响企业的国际化。实施国际化战略时，企业应考虑其使命（企业所追求的目标以及长期成果是什么）、目标（完成使命的具体任务）和战略（实现目标的方式）。企业国际化战略是经济全球化战略的一部分，是经济全球化战略的具体实现途径[15]。

在经济全球化和信息化时代，我国交通企业面临新的外部环境，这使得其不得不调整发展策略，以应对知识型经济和跨国公司一体化全球竞争格局的挑战。我国交通企业融入全球一体化必定要实施国际化创新发展，形成世界范围的大规模生产网络，打破基于自然资源和产品的传统国际分工，我国交通企业实施国际化战略已经刻不容缓。

1.2　本书研究问题及研究意义

1.2.1　本书研究问题

自我国加入WTO后，在经济全球化背景下，我国交通企业积极开展国际竞争已成为其生存和发展的客观需求。本书的研究对象为基于技术创新的我国交通企业如何进行国际化创新发展，书中给出了较为具体的实现路径和建议，我国交通企业应充分利用国际国内两个市场、两种资源，实施国际化创新发展拓展国际市场空间，提升我国交通企业的国际竞争力。本书重点研究我国交通企业的国际化创新发展和实现路径，主要从三个方面展开：一是发展战略，主要研究了国际化创新发展的进入模式；二是具体的实现路径，主要提出了以“立足国内、放眼全球”、“绿地投资、国际并购”等为重点的实现路径，以“进入市场”、“品牌自主”等为重点的具体策略措施，以“从订单拉动产品到产品拉动市场”为重点的策略转型；三是风险控制，主要研究了国际化创新发展中存在的风险种类、风险成因、风险控制等内容。

1.2.2　研究意义

本书将理论研究和案例分析相结合，借鉴和吸收了国际和国内最新的研究成果，在对大量文献进行定性和定量分析的基础上，为我国交通企业开展国际化提供了有价值的、可操作的战略建议。因此，本书的研究内容既具有重要的现实意义，也具有一定的理论意义。

1. 现实意义

第一，与我国交通企业“走出去”的发展战略相符合。实施“走出去”发展战略是我国在深刻分析国际国内政治经济形势基础上做出的重大决策。自主创新能力是企业生存和发展的关键，在经济全球化时代，企业是自主创新的主体，为了提高企业的自主创新能力，打破发达国家及其跨国公司的技术垄断，争取更为有利的贸易地位和竞争优势，企业必须“走出去”[22]。

与发达国家相比，我国交通企业实施国际化创新发展的时间较短、经验较少。如何加快实施“走出去”战略，参与经济全球化，拓展经济发展空间；如何充分行使我国在世界贸易组织中的权利，充分利用国际国内两个市场、两种资源，提高企业的自主创新能力；如何在世界产业结构体系内培养和提高我国交通企业的核心竞争力和国际竞争力；在现实中回答这些问题既缺少理论指导又缺少实践经验指导。

第二，对我国交通企业的良性健康发展影响深远。交通企业在国家实力的增长中发挥战略作用。无论是发达国家还是发展中国家，交通企业发展都已经或正在发挥不可替代的战略影响力[23]。交通企业的良性健康发展对国民经济的发展有重要战略意义，为进入后工业社会奠定了坚实的物质基础和产业实力[24]。

第三，我国交通企业实施国际化创新发展对于企业本身的意义重大。自2015年以来，在跨国公司品牌产品的挤压下，自主品牌产品的销售普遍不佳，市场份额大幅下降，公司经营困难，面临被边缘化甚至濒临灭亡的趋势。加之，国内外经济、政策、市场、技术等环境的不确定性，我国交通企业在国内竞争的困境可能会延续，一旦我国自主品牌的本土化企业消亡，这无疑是我国制造业的一大失败，且影响会非常深远。

在国内市场竞争压力加剧以及国外市场的巨大诱惑下，我国交通企业纷纷开辟国际市场，这也将成为不少企业发展壮大的“救命稻草”。显然，我国交通企业实施国际化创新发展的成败不仅对我国交通企业的发展影响较大，更对企业本身的发展意义重大。

2. 理论意义

由于我国交通企业实施国际化创新发展的时间较短，实践经验较少，该问题无论在理论上还是实践上都处于探索阶段。目前，关于我国交通企业国际化发展方面的研究仍然较少，且缺乏系统性研究，在理论上尚无清晰的成果依托，因此本书所研究的内容具有一定的理论意义。

1.3 本书研究内容及结构框架

1.3.1 本书研究内容

本书基于技术创新的视角，在梳理国内外相关文献基础上，围绕我国交通企业国际化创新发展进行了较为系统的研究。首先对发达国家交通企业的国际化历程进行了分析和总结，找出其各自的经验和启示，为我国交通业的国际化创新发展提供了借鉴；接着分析了我国交通企业国际化发展的现状及问题，通过AHP分析法得出了我国交通企业国际化创新发展不足的现实问题；为了给出较为具体的进入模式和路径策略建议，还对我国交通企业实施国际化创新发展的内外部环境因素进行了分析。本书的主要内容如下：

第1章，绪论。本章着重介绍了本书的研究背景、研究内容、研究意义、研究方法以及主要创新点等内容。

第2章，理论综述及国内研究现状。本章主要阐述了国际化理论研究的路线、国际化的基础理论、国际化的阶段理论、国际直接投资理论等内容。同时，对我国交通企业国际化发展理论的研究现状进行了评述。

第3章，技术创新、低碳发展和“一带一路”倡议助力我国交通企业国际化创新发展。本章对技术创新、低碳发展和“一带一路”倡议进行了简单概述，并阐述了它们助力我国交通企业国际化创新发展等内容。

第4章，发达国家企业国际化经验及其启示。本章在阐述欧美、亚洲等发达国家企业国际化发展历程的基础上，分析和总结出了一些经验教训及启示，为我国交通企业实施国际化创新发展提供了借鉴和指导。

第5章，我国交通企业国际化创新发展分析。本章简单阐述了我国交通企业的发展历程、我国交通企业国际化发展的现状及问题，对我国交通企业国际化创新发展潜力进行了分析，并借助AHP分析法重点评价了我国交通企业国际化创新发展。最后，对上海汽车、江淮汽车、福田汽车、长安汽车和中国重汽等企业的国际化创新发展进行了评价。

第6章，我国交通企业国际化创新发展的环境分析。本章从经济环境、政策环境、技术和市场环境、产品环境和人力环境等方面对我国交通企业实施国际化创新发展进行了分析；通过SWOT分析法对我国交通企业国际化创新发展的优势、劣势、机会和威胁进行了分析。同时，结合我国交通企业国际化创新发展中存在的诸多不足，探讨其国际化创新发展下的策略选择，提出我国交通企业实施国际化创新发展的对策建议。最后，对我国交通企业实施国际化创新发展的动因及必要性进行了分析。

第7章，基于技术创新的我国交通企业国际化创新发展风险研究。本章论述了我国交通业实施国际化创新发展的主要风险，包括加强研究国际化创新发展环境，建立风险和预警应急处理机制，以积极的态度面对发生的风险，提高企业员工素质等，分析了我国交通企业国际化创新发展风险的成因，提出了防范国际化创新发展风险的对策建议。

第8章，基于技术创新的我国交通企业国际化创新发展的实现路径。本章结合我国交通企业国际化创新发展存在的诸多不足以及面临的各种环境，探讨了其国际化创新发展下的策略选择，提出了我国交通企业实施国际化创新发展的对策建议，主要包括进入模式、策略方针、具体策略、策略转型等内容，并从经济学角度有针对性地分析了国际化创新发展会导致的结果以及解决这种结果的具体对策，并说明了企业兼并收购的有效性问题。

第9章，总结与研究展望。本章总结了本书的研究结论，同时，在技术创新视角下，对我国交通企业实施国际化创新发展的后续研究进行了展望。

1.3.2 本书结构框架

本书基于技术创新的视角，围绕我国交通企业国际化创新发展展开研究。在对我国交通企业国际化创新发展的现状问题、内外部环境等研究基础上，提出了我国交通企业国际化创新发展在进入模式、路径研究、竞争措施、风险控制等方面的路径举措。通过AHP分析法分析了国际化创新发展的各个构成要素并对其重要性进行了排序，为评价我国交通企业国际化创新发展提供了具有可操作性的量化方法。借助Bertrand双寡头模型，得出了我国交通企业国际化创新发展的结果及其对策；在对我国交通企业兼并收购策略分析中，借助Cournot竞争模型，从理论上证明了我国交通企业实施国际化创新发展，通过兼并收购方式可以减少自己的潜在竞争对手，从而可以获得近乎垄断优势，且同时扩大生产经营规模将成为我国交通企业国际化的一种发展趋势。最后，提出了我国交通企业实施国际化创新发展的路径措施。在路径方针方面，重点提出了“立足国内、放眼全球”、“绿地投资、国际并购”等；在具体路径方面，重点提出了“进入市场”、“品牌自主”等建议；在路径转型方面，重点提出了“订单拉动产品、市场拉动产品、产品拉动市场”等实现路径，为我国交通企业实施国际化创新发展提供了决策依据。

本书的结构框架如图1-1所示。

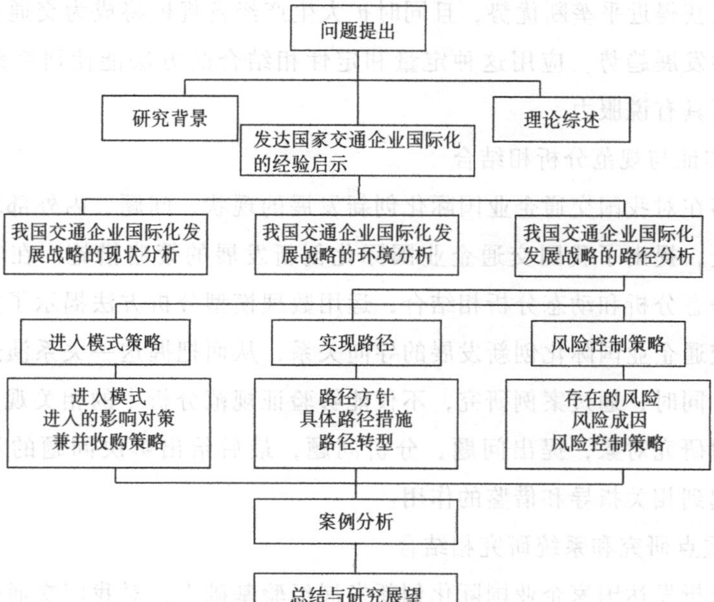

图1-1 本书的结构框架

1.4 本书研究方法及创新点

1.4.1 本书研究方法

1. 定性与定量相结合的方法

本书将管理学、经济学、发展经济学和社会学等多门学科的“多维理论框架”作为基本分析方法体系，在对我国交通企业国际化创新发展评价中采用了 AHP 分析法，在对我国交通企业国际化创新发展的策略分析中，借助 Bertrand 双寡头模型，得出了国际化创新发展的结果及其对策，在对我国交通企业兼并收购策略分析中，借助 Cournot 竞争模型，从理论上证明了我国交通企业实施国际化创新发展，通过兼并收购方式可以减少潜在竞争对手，从而可以获得近乎垄断优势，且同时扩大生产经营规模将成为交通企业国际化的一种发展趋势。应用这种定量和定性相结合的方法能使研究结论更严谨，也更具有说服力。

2. 实证与规范分析相结合

本书在对我国交通企业国际化创新发展的现状、问题、内外部环境等分析基础上，提出了我国交通企业国际化创新发展的策略措施。在实证分析时，将静态分析和动态分析相结合，运用数理模型分析方法揭示了技术创新与我国交通企业国际化创新发展的导向关系，从而把握这一关系演进的规律和趋势。同时，通过案例研究，不仅能够验证规范分析中的相关观点，而且能够针对研究对象，提出问题、分析问题，最后给出解决问题的策略或建议，以起到相关指导和借鉴的作用。

3. 重点研究和系统研究相结合

在分析发达国家企业国际化创新发展经验基础上，对我国交通企业国际化创新发展的现状、问题、内外部环境、面临的机遇挑战、动因等方面进行了系统性分析，并对我国交通企业国际化创新发展的实例进行了重点分析，既强调了本书的系统性，又体现了本书的研究重点。

1.4.2 本书的创新点

第一，基于技术创新的研究视角，在分析我国交通企业国际化创新发展的现状问题、内外部环境等基础上，提出了我国交通企业国际化创新发展在进入模式、路径选择、竞争措施、风险控制等方面的举措，特别提出了我国交通企业应“立足国内、品牌自主、国际并购、市场拉动产品、进入服务市场”等一系列具体路径，为研究我国交通企业国际化创新发展提供了一个全新的视角。

第二，数理定量化分析方法的运用。本书在对我国交通企业国际化创新发展评价中采用了 AHP 分析法，分析国际化创新发展的各个构成要素并对其重要性进行了排序，为评价我国交通企业国际化创新发展提供了具有可操作性的量化方法，并且通过模型的应用说明了目前我国交通企业国际化创新发展的现状。在对我国交通企业国际化创新发展策略分析中，借助 Bertrand 双寡头模型，得出了交通企业国际化创新发展的结果及其对策；在对我国交通业兼并收购策略分析中，借助 Cournot 竞争模型，从理论上证明了，为获得更多垄断势力而合并的企业可能会盈利，且追求规模收益是企业合并的动机之一。从而说明我国交通企业实施国际化创新发展，通过兼并收购方式可以减少潜在竞争对手，从而可以获得近乎垄断优势，且同时扩大生产经营规模将成为交通业国际化的一种发展趋势。这种数理定量化分析方法的运用能够使研究结论更严谨，使研究更具有说服力。

第三，为系统研究我国交通企业国际化创新发展提供了基本分析框架。本书基于技术创新视角，给出了我国交通企业国际化创新发展存在“经验启示—现状问题—内外部环境—机遇挑战—发展动因—实现路径—实例分析”这样一条分析路线，并在策略举措中从“进入模式、实现路径、风险控制”三个核心方面进行了较为具体的分析，这条分析路线基本涉及了我国交通企业国际化创新发展中的多数问题，提供了一个较为全面的分析框架。

1.5 本章主要内容

本章主要阐述了本书的研究背景、研究问题、研究内容、研究意义、研究方法等内容，同时指出了本书的创新点，并给出了本书的结构框架。

第2章 理论综述及国内研究现状

2.1 国际化理论研究路线

长期以来，全球经济、区域经济、国民经济和跨国经济同时存在并持续发展，国际化经营已成为当今企业管理的主要趋势之一。同时，企业国际化理论不断丰富，形成了所谓的“企业国际化理论丛林[25]”。企业国际化理论方面的研究主要沿着三条路线进行：

第一条研究路线是基于产业组织理论并以不完全竞争为条件的。其具有代表性的理论有海默[26]（Stephen H. Hymer）和金德尔伯格（C. P. Kindleberger）等人的垄断优势理论[27]、巴克利（Peter. J. Buckley）和卡森（Mark Casson）等人的内部化理论[28]、凯夫斯（R. E. Caves）的产品差异论[29]以及尼克博克等的寡占反应论[30]。

第二条研究路线是基于国际贸易，条件是完全竞争。其代表性的理论包括弗农（Raymond Vernon）[31]的产品生命周期理论、小岛清（K. Kojima）[32]的比较优势投资理论，等等。

第三条研究路线是从企业管理的角度出发，重点研究国际化行为和国际化演进过程，代表性理论包括约翰森（J. Johanson）[33]和瓦德协姆（Paul

Wiedersheim)[34]的企业国际化阶段论、出口行为理论、企业网络理论以及国际战略管理理论等。

应该指出的是，20 世纪 90 年代以后，随着一些新兴工业国家的崛起，来自发展中国家的跨国公司逐渐发展起来。作为后发展型的跨国公司，它们在竞争优势和行为特点上与前者有明显的不同，于是用于解释发展中国家跨国公司国际化行为的理论应运而生。这些发展中国家的企业国际化理论，对于指导我国交通业的国际化实践有直接的借鉴意义。

2.2 国际化的基础理论

企业国际化的基础理论主要包括国际贸易领域的理论、产品生命周期理论以及与投资领域有关的企业国际化理论三个方面的内容。

2.2.1 古典国际贸易理论

古典国际贸易理论的最初起源可以追溯到 15—18 世纪的重商主义理论（Mercantilism）[35]，当时欧洲正处在资本主义原始积累时期。重商主义理论主张政府严格控制对外经济活动，推崇贸易保护主义是贸易保护理论的历史渊源。古典国际贸易理论是在批判重商主义理论的基础上发展起来的，该理论认为对外贸易是财富和国民财富的主要来源。国家之间进行经济贸易活动的原因是相同或相似贸易品在不同国家的价格差异，而这种价格差异来自各自生产成本的不同，进一步分析显示，主要在于生产要素的价格不同。成本差异[36]可以划分为相对差异（Ricardo，1817）[35]和绝对差异（Smith，1776）两种类型。一些经济学家如李嘉图和史密斯解释了生产技术具体表现为劳动生产，因而生产的具体化可以增加产出，提高销量，推进财富增长[37]。

古典国际贸易理论最重要的发展是瑞典经济学家赫克歇尔（E. Hecksher）和俄林（B. Ohlin）所提出的资源禀赋理论[38]。根据他们的观点：当相同的商品在不同的国家生产函数是相同的，比较优势在于在不同的国家或地区生产要素的相对禀赋的不一样，以及不同商品生产在要素使用密集程度上存在不同。各国应生产和出口大量使用其相对充裕元素的产品，同时进口大量使用其相对稀缺元素的产品。这也就意味着：劳动力丰富但土地稀缺的国家，适宜发展资本、技术要求相对较低的劳动和自然资源密集型产业[39]；土地丰富但劳动力稀缺的国家适宜发展土地规模大、劳动生产率高的技术密集型产业，并努力为利用土地生产的规模经济最大化。

2.2.2 产品生命周期理论

产品生命周期理论是国际化研究领域中的经典理论之一。该理论由美国哈佛大学教授雷蒙德·弗农（Raymond Vernon）于1966年在技术差距模型（Technological gap model）基础上加以拓展形成，用来解释国际投资与国际贸易行为[40]。

为了深入考察国际化中企业的行为，考察国际化企业贸易活动和投资，该理论从比较优势的动态转移角度进行了多维度的考察，弗农教授将产品生命周期分为四个阶段。

第一个阶段是产出阶段（Intruduction）：即新产品的发明和研制阶段，技术差距导致专业化垄断性贸易（规模经济）的产生。在这一阶段，产品主要是劳动密集型产品，对新产品的需求主要来自本国市场，基本没有出口。

第二个阶段是增长阶段（Growth）：产品生产逐步标准化，市场规模不断扩大，大规模生产成为可能；产品出口增加，对外直接投资初见端倪。

第三个阶段是成熟阶段（Maturity）：产品生产呈高度的标准化，技术要素的重要性降低，劳动力价格因素的重要性日益提高，产品生产已从技术先进地区逐步转移到落后地区，落后地区最终成为此类产品的专门生产地区。

第四个阶段是衰退阶段（Decline）：先进国家的市场需求大幅下滑，原生产国企业逐步放弃老产品的生产，开始研发新产品。

2.2.3 国际投资理论

古典的国际投资理论解释了资本可以在不同国家间自由流动，而决定资本在国际之间流动的主要因素是不同国家之间资本边际收益或边际产值的差异，直接投资被视为市场经济中最为突出、最为复杂的现象之一（Mckierman，1992）[41]。

国际投资理论主要包括：

1. 阶段理论（Stage Model）

辩证地说，国外市场渗透的过程通常也是发展国内公司优势成长的过程。一般来说，直接投资是一个阶段性的发展过程，其发展依次经历了出口→获取许可证→分支机构→某生产力丰富国家的直接投资等阶段[42]。

国际化的过程其实就是参与国际竞争的“走出去”的过程，它随时间的推移逐步变化并在某种程度上是可以被预测的增长或连续增长的过程。这可以看成是一个学习的过程，即企业为消除来自陌生国家的语言、文化、教育、信息及法律法规的障碍等的学习过程。而且，海外市场的增长和发展有助于扫除国际化发展中因市场信息缺乏、沟通渠道不畅通、市场经验不足等导致的企业国际化经营的不确定性。

2. 市场缺陷理论（Market Imperfection Theories）

20 世纪 60 年代初，美国学者海默提出了一种新的国际化理论——市场缺陷理论，它是跨国公司国家生产的一个重要理论[43]。从本质上看，因为国际市场存在“市场缺陷”，即不完全竞争，因而扩大公司规模必须利用自己的内部市场机制等优势条件来代替它或者消除它，其目的就是要避开“市场缺陷”。这种优势条件的来源既可以是经济规模，也可能是获得资本的途径，还可能是过剩的资源，等等。但无论是哪种来源，其都必须足够强大到能够克服特定国家所在组织以资本为基础的优势条件。市场体系的不完整使各种组织可以利用各自的优势在市场竞争中进入市场，或开展各种竞争性商业活动以获得超额租金。如果政府动机、贸易性壁垒、劳动力成本与教育成本等有利于国际扩张，各种组织会通过直接投资方式利用其他国家的无形资产。海默还指出，多元化经营有利于降低公司或个人的投资组合风险。

3. 网络理论（Network Approach）

20世纪90年代初，Forsgren（2000）实证研究了瑞士21家跨国公司的国际化类型，否定了跨国公司从出口→获取许可证→分支机构→某生产力丰富国家的直接投资的传统的国际化途径，并提出了一种新的理论，即网络理论[44]。该理论主要关注组织与组织结构之间网络结构的复杂性及其与网络行为之间的关系。

企业为了满足生产中所需的土地、设备、原材料等生产要素，在整个生产链条上必须面对各种复杂的关系，必须着力于培养与供应商、分包商、批发商及分销商之间的关系。此外，企业还与行业中的直接竞争者、潜在竞争者以及当地政府各职能部门发生联系。国际贸易与竞争中的技术处于不断的发展变化中，而以复杂和快速的技术变化趋势的网络形态非常普遍[45]。在此环境中，传统的组织结构尚未适应新的市场变化，而网络结构则作为组织结构形态提前呈现出来。

根据这一理论，组织机构与组织机构之间通过网络密切关联，才使网络化组织得以实现与各有所长的专业机构的有机联结，因而要了解组织机构的行为必须先了解它们之间的网络行为。各机构所掌握的资源不可能完全相同，因而也不具有可比性，组织机构人力资本或物质投资所形成的国际化战略的竞争能力也需要及时调整，以不断匹配、适应网络化组织机构，而这有助于产业网络的联结。

国际化的基础理论除包括上述国际贸易领域的理论、产品生命周期理论以及与投资领域有关的企业国际化理论三个方面的内容之外，还有部分学者提出了垄断优势理论、内部化理论和国际生产折衷理论等。

2.3 国际化的阶段理论

有许多模型论述企业国际化，他们认为企业国际化是发生在截然不同的阶段和相当长时期的渐进性过程。20 世纪 60 年代开始，Hymer（1960）、Kindlebeger（1962）和 Aharoni（1966）对企业国际化进行了研究，提出了多国企业成长理论、国际产品生产理论，以及 Vernon（1966）的产品生命周期理论等。由于许多有关企业国际化的研究受到概念化的影响，一般来说，企业国际化的系统概念起源于20 世纪 70 年代中后期的“乌普萨拉学派”(Uppsala School）的国际化阶段理论[46]。

2.3.1 阶段理论的研究现状

北欧国际业务学者对企业国际化进程的研究在世界上享有很高的声誉。其中非常关键的是 Johanson 和 Wiedersheim－Paul（1975）提出的“发生链(establishment chain）理论”[47]，这个理论后来演变发展成为著名的乌普萨拉模型[47]。这个模型是基于4 家瑞士公司的实证研究提出的。该模型的创建者认为，大多数瑞士公司的国际化进程正在演变，而不是大量引人注目的对外投资。实证研究发现，大多数瑞士公司逐步发展国际业务，而不是在某个位置进行大量对外投资。典型的国际业务通常是通过代理商进行出口，然后在东道国建立销售部门和其他分支机构，最后，在某些情况下，最终在东道国开始直接生产。

企业国际化进程是相辅相成的，随着国外市场知识和业务的增多，以及国外市场实际投资的增加，国际化发展阶段和各个阶段的转变存在差异，发展阶段会对国际化阶段转化的决策产生影响，反之亦然。所以，这个过程是一个因果循环过程，见图 2－1。

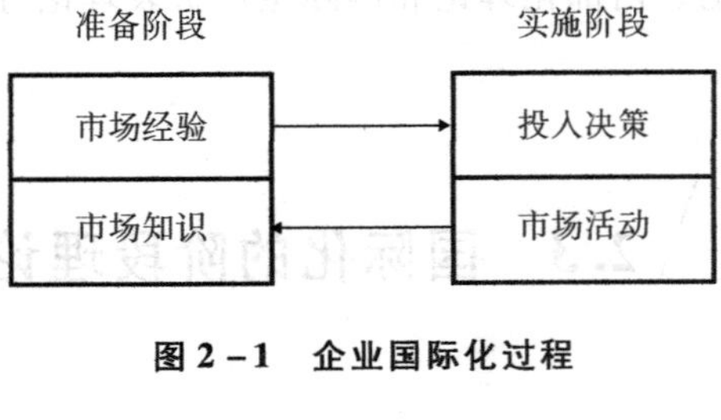

图 2－1 企业国际化过程

根据 Penrose（1959）的观点，知识有两种：通过教育获得的间接知识和通过个人实践获得的经验知识[48]。市场知识主要是通过市场上的商业活动经验获得的，市场知识产生商机，因此，其是国际化进程的推动力。经验知识也被认为是减少市场不确定性的主要因素。因此，在特定的国家中，随着国际业务活动经验的积累，公司的投资意愿将不断提高，这样的市场经验是具有国别市场性的，也就是说，如果想把一个国家市场经营活动的经验推广应用到另一个国家的市场活动中去是相当困难的。

乌普萨拉模型（Uppsala Model）解释了企业的两种国际化类型，第一种类型是沿着既定路径发展企业的国际化活动，换句话说，它开始于不定期的出口活动，通过独立的代理商出口，进一步建立海外销售子公司，最后逐步在海外生产这样一个过程。这一连续阶段表明，国际市场上对资本的投资正在逐步增加。第二种类型是让公司直接进入他们最容易理解的市场从事国际业务，看到公司最了解的市场机会，并意识到市场不确定性很小，他们直接从事国际业务活动。乌普萨拉模型（Uppsala Model）意味着对国际市场投资的增加是逐步的。

国际化过程模型的另一个重要特征是把企业看成是松散的偶合系统。在这个系统中，不同的参与者对企业发展的兴趣和观念不同。从事国际市场活动的企业将遇到市场机会和相关的问题，它们会寻求问题的解决途径，并想方设法促进问题的解决。该模型认为一旦企业开始国际化活动，国际化过程将继续下去。

国际化过程模型基于传统的微观经济学和市场理论，并通过对大多数瑞士公司国际竞争的实证研究而形成。可以认为，该模型的有效性仅限于相对较小且工业化程度较高的国家，如瑞士。但是，其他国家后来的研究结果也支持该模型或同意该模型的结论。美国 Wisconsin 和德国 Mannheim 的研究人员在企业出口行为方面也获得了类似的结果。对 Hawaiian 出口企业，Turkish 出口商和澳大利亚公司的结果与模型结论基本相同。一些学者认为，国际化发展是创新适应循环的结果。其他学者认为，出口发展的“学习曲线”是由外部刺激（如意外的异常情况或疑问）和内部动机形成的。

所有这些国际化模型提出的国际化过程都是分阶段进行的（尽管对国际化阶段的划分有争议），这些模型支持进入国际市场的方式也是易于理解的

(通常这些国际市场是比邻国家的市场)。但是，关于其他国际市场进入方式的讨论较少。特别是，这些阶段模型低估了企业对出口依赖的增加和国际市场进入数量增加所带来的大量投入。因此，从不情愿出口，企业已通过不同阶段成为国际市场的"高手"，直到实施了全球一体化战略的跨国公司。

表2-1所示为4个最具影响力的阶段模型的简单比较。

表2-1　国际化阶段模型的比较[50]

Johanson and Wiedersheim - Paul (1975)	Bilkey and Tesay (1977)	Cavusgil (1980)	Czinkota (1982)
阶段1：没有规则的进出口活动	阶段1：经营上不感兴趣	阶段1：只在国内市场销售	阶段1：多数企业不感兴趣
阶段2：通过海外代理出口	阶段2：经营上愿意加入	阶段2：出口前准备阶段	阶段2：部分企业参加
阶段3：海外销售子公司的建立	阶段3：经营上积极探索出口的可行性	阶段3：涉及心理上邻近国家的出口	阶段3：开拓出口企业
阶段4：海外生产	阶段4：尝试出口到邻国	阶段4：积极参与	阶段4：开始出口
	阶段5：企业成为有经验的出口商	阶段5：为出口投入进一步增加	阶段5：有经验的出口商
	阶段6：企业进一步寻求扩大出口的机会		阶段6：有经验的大出口商

资料来源：Hooley, G., Loveridge, R., Wilson, D., Internationalization: procees, context and markets [M]. St. Martin's Press, Inc., New York, 1998: (9).

以上所有模型表明，人们对国际化进程的理解和认知是相似的。下面将解释这些模型内在的、共性的假设条件。

2.3.2 阶段模型的潜在假定及评价

通过对表2-1中的阶段模型进一步研究，可以揭示出它们之间内在的前提：第一，企业在启动出口之前开拓国内市场；第二，涉足国外市场时最初会有阻力；第三，企业从“心理距离”上接近的国家开始出口活动；第四，一旦开始国际业务活动，整个过程是不可逆的。下面将更详细地探究每一个假定。

1. 出口前国内市场的开拓

文献广泛地公认企业在开始走向国外市场之前，在国内市场上的发展优势地位。国际化可以通过内在的技术转让或与国外供应商的交易活动和与外国跨国公司本地分公司的业务联系等引发（Welch、Luostarinen，1988）[51]。

特别是大规模经济运行中制造业更是如此，但这不是必经之路。对于小规模、高新技术企业或服务供应商来说，如果国内市场容量不大，企业很可能从开始就进行国际化业务，尤其是如果这些企业的技术或提供的服务对国内市场来说是相当先进的情况下。

Bell（1994）报告了Scandinavian计算机软件公司的案例，该软件公司就是为出口市场而设立的，因此，国内市场并不是出口的前提条件。对出口活动的众多研究起源于先进的工业经济，这样假定是有根据的，也就并不令人感到意外。然而，假定的有效性不能被完全地接受（Hooley、Loveridge、Wilson，1998）[52]。

2. 被动出口阶段

国际化领域许多实证研究是基于美国企业的研究，有很多企业认为出口是不利的，对出口活动一般采取被动而不是主动的态度（Bilkey，1978；Cavusgil，1984）。相反，对西欧和Scandinavia以及其他新兴工业化国家和地区的研究发现，尽管认识到出口会面临额外的人力和财力资源的限制，但出口业务仍被认为是当国内扩张的范围有限时谋取生存的可行的方法。Bodur（1986）的观察研究证实，国内市场的规模和经济环境是企业对出口行为采取主动还是被动态度的关键因素[53]。

3. 出口从“心理距离”上临近的国家或地区起步

模型假定企业进入新的市场范围时常有较大的“心理距离”，出口行为的时间次序和本国与东道国之间的这种心理距离成正比。“心理距离（Psychic distance）”是指阻碍信息流入和流出市场的各种因素的总和。这些因素在任何两个国家之间都不同，它们包括语言、文化、教育水平、商业惯例和法律制度等。

因此，企业从它们认为不确定性最小的那些市场开始国际化活动，也就是说，企业从它们最了解的国外市场开始国际化活动（Vornon - Wortzel、Wortzel，1997）[54]。

显而易见，“心理距离”与“地理距离”（geographical distance）是不同的。英联邦国家在地理上相距甚远，如英格兰和澳大利亚，但由于种种原因，从心理距离的角度看，它们之间很接近。美国和古巴在地理上相距非常近，但因政治的原因，两国的心理距离却相距甚远。

4. 国际化过程是连续的过程

阶段理论认为企业在实施其他方式涉猎国际市场之前，是从出口商品开始国际化业务的。遵循下列步骤：不规则的出口、独立代理商（代理人）出口、建立销售子公司、国外生产。这一过程似乎正确描述了企业在某一个国家发展国际化业务的次序。然而，许多外部和内部因素将影响市场进入战略的选择。进入某一特定市场的障碍——如商品关税——可能排除出口方式而鼓励以许可证或其他更直接的方式进入该市场。外国所有权规则可能导致合资企业的产生，而不是全资子公司的建立[52]（Hooley、Loveridge、Wilson，1998）。再者，产品或提供服务的性质、内在资源的缺乏都可能限制企业寻求最适宜战略。

虽然“阶段”模型在文献中占据重要地位，但模型本身仍有许多缺点：第一，“阶段”模型没有解释从一个阶段到另一个阶段发展的动因是什么；第二，国际化发展形式过于简单。在形式上，模型没有考虑从外国市场撤离后，随之而来的企业战略的再定位问题；第三，过程连续性实质上否定了各阶段的交替发展。例如，从出口直接到FDI或从国内市场直接到FDI；第四，“阶段”模型因把复杂的过程再现为简单的格式而受到反对批评；第五，在任意时间段上，对组织可供选择的国际化方式的证明并不清楚。模型暗示FDI可能优于许可证，后者交易成本较高，而后者的组织优势在于延续不断的知识创新、技术优势，加上过剩的资本容量和管理技能。这些只是对FDI集中研究，而不是对整个国际化过程研究的结果。

乌普萨拉模型（Uppsala Model）在国际化过程的初期阶段是有意义的。

在初期阶段，市场知识和市场资源的缺乏仍然是限制性因素。当一个企业已经在几个国家进行业务活动时，这些限制性因素不再是一个问题。在这种情况下，企业能够在真实的市场条件基础上对国际化活动分配资源。实践证明，企业国际化发展的路径与国际化过程模型的路径并非一致。导致这种结果的关键原因是产业和市场的全面国际化，市场知识的缺乏不再是限制国际化步伐和国际化类型的关键因素。更进一步讲，随着世界变得越来越同质化，"心理距离"在不断缩小，不同国家市场之间的相互依赖性在加强，国际化阶段模型的有效性在未来会逐步降低。实证证明，"阶段"模型对制造业是有效的，而对服务业如银行业受"心理距离"的影响很小。瑞士银行业国际化过程表明海外银行的设立不为"心理距离"所控制，虽然市场进入是渐进的[55]。

2.4 国际直接投资理论

在学术界从贸易与投资领域研究企业国际化和从企业行为过程探索企业国际化阶段理论的同时，许多经济学家对跨国公司的国际投资等进行了分析研究，形成了现代的国际直接投资理论。20世纪80年代以前，国际直接投资理论主要集中于发达国家的跨国公司。研究认为，跨国公司的竞争优势主要来自企业在市场上的垄断、规模投资、产品差异化、高科技和企业管理技术等。

2.4.1 发达国家对外直接投资理论

1. 垄断优势理论

1960年，美国学者海默（Stephen H. Hymer）在《企业的国际化经营：对外直接投资的研究》一书中，首次提出了对外直接投资的垄断优势理论（Monoply advantage），用以解释美国公司的对外直接投资。他的导师金德尔·伯格（Charles P. KindleBerger，1969）在《美国海外企业》一书中，也提出了跨国公司的竞争优势主要来自商品市场和要素市场的不完全性、规模经济差异、政府的管制等。

海默系统地论述了企业的垄断优势和市场的不完全性是企业对外直接投资的决定性因素，为跨国公司理论的发展奠定了基础。

海默认为，企业国际化进入模式的选择取决于市场的不对称性和企业的垄断优势。该理论将外国投资视为国际市场进入模型，并比较了跨国公司与出口和特许经营等进入模式的条件和动机。实际上，市场上不完全竞争的情况很普遍，完全竞争是一种纯粹的状态。

垄断优势理论是建立在不完全市场竞争前提下的。不完全竞争是指生产和销售相似产品的市场结构的差异，这种差异可以是诸如产品质量、性能、规格等因素，以及品牌和商标之类的因素[57]。海默认为，垄断优势是市场不完全竞争的产物。那些阻碍产品要素自由流动的非市场力量的存在破坏了市场资源配置效率。因此，在不完全竞争的市场条件下，总有一些企业因为垄断因素而拥有优势，也总有一些国家因资源配置的不均衡而拥有区位优势。对外直接投资行为可以将这两种优势结合起来，可以提高资源配置效率，从而实现帕累托改善。

根据海默的说法，外国直接投资的决定性因素是该企业具有垄断优势。选择外国直接投资的条件是存在垄断优势，并且这种优势体现在国际市场的不完备性，企业在竞争中超越东道国企业。国际市场的不完备性主要体现在：①产品和要素市场的不完备性，控制产量或购买量，即使市场上存在很少数的买卖双方也可以影响市场价格；②由规模经济引发的市场不完整，如产品产量增加或成本下降所带来的回报增加；③政府干预引起的市场不完整，包括政府干预的程度和利率政策的差异等；④关税造成市场不完整。

国内外市场的不完整造成了外资企业的相应垄断优势，表现为：①商品市场的垄断优势，包括产品性能差异、特殊销售技巧和操纵市场价格；②生产方面的垄断优势，包括经营管理优势、融资便利、掌握专利和专有技术等；③规模经济的优势体现在生产、采购和销售的各个方面，并且可以通过内部的水平和垂直整合来获得。利润高于竞争对手；④产品的多样性，即可以同时服务于多个市场的优势；⑤可以在跨国公司内部共享利益的优势。上述垄断优势已成为企业海外投资的重要动力和决定性因素。

海默通过研究美国对外直接投资部门的构成发现，美国对外直接投资集中在汽车、石油、电子，化学和其他制造业，行业集中度非常明显，这些企业对外直接投资的主要原因是能充分发挥自己的垄断优势，这种优势必须且能够足以抵消国际化和国外经营所引致的额外成本。

垄断优势理论的贡献在于，对国际资本流动的研究第一次从流通领域转向生产领域，从而将对外直接投资与间接投资区分开来，并明确指出了企业具有所有权优势是进行国际化的重要条件。但该理论并不能解释没有垄断优势的发达国家企业的外国直接投资活动，也不能用来分析发展中国家企业的外国直接投资活动。

另外，凯文斯（R. E. Caves，1971）以产品差异概念，约翰森（Harry G. Johnson，1970）以管理、技术和知识的专有化（Appropriability Thesis），尼克博克（Fredierck：T. Knicker Bocker，1973）从对外投资行业的寡占性等方面，论述了不同的垄断优势来源，丰富了该理论的内容[58]。

2. 内部化理论

自1970年以来，内部化理论（Internationalization Theory）成为跨国公司理论发展的主要研究内容。科斯的内部化理论基于交易成本理论，分析了不完整的中间产品市场对跨国公司行为的影响。根据科斯的说法，只要公司可以在内部组织交易并且成本低于公开市场的成本，公司就应该进行内部化交易。这就是所谓的市场交易内部化[112]。

1976年，英国学者巴克莱（Peter J. Buckley）和卡森（Mark Casson）在他们共同出版的专著《跨国公司的未来》中从国际公司的内部资源配置出发，提出了市场内部化理论[59]。加拿大学者鲁格曼（Allan M. Rugman，1981）对其进一步研究，扩大了海外直接投资与内部化的关系。

该理论不把市场不完整性是如何造成垄断优势作为重点，而是将如何在企业内部保存这种优势作为重中之重来研究，企业通过生产经营获得优势的过程中会产生跨国的企业，通常采用交易成本来解释其形成。当然这个过程中必须得跨过国界。并且内部化理论以垄断优势和市场不完整为理论分析的前提。像专利、技术、声誉等属于知识中间产品，在进行对外交易时，会有很多的困难，比如，保护不完善、泄露等，这些都是导致市场不完整的主要原因。为了克服这些困难，企业不得不采取一些内部交易来代替市场，对这些中间产品进行管理，以此降低企业对外投资的成本，并使其一直处于中间的位置。所以该理论认为，中间产品市场的不完全竞争是企业内部化的根本原因[113]。巴克莱和卡森丰富并发展了科斯的内部化理论，他们认为，该理论不仅可以降低企业在交易过程中的风险，还可以克服一些关税和贸易壁垒的困难，将技术优势转移到国外子公司。此外，可以有效地保护技术并将其保密，从而可以形成企业的国际化。

卡森提出，产品所有权的交换是外部市场交易成本高昂的主要原因，市场的内部化避免了所有权交换引起的利益冲突，可以降低市场交易成本，提高经营效率。特别是，知识产品（技术、专利、专有技术、管理技术、信息、商誉等）的特殊性使跨国公司可以用内部化市场代替外部市场，从而获得其核心竞争力。

与以往的跨国公司理论相比，内部化理论的综合性更强，更适用于以跨国企业经营为特征的寡占市场。该理论的缺点是缺乏国际环境的分析来解释为什么内部交易必须跨越国界[105]。

3. 国际生产折衷理论

1977 年，英国雷丁大学教授邓宁（John Dunning）在《贸易、经济活动的区位和跨国企业：折衷理论方法探索》一书中提出了国际生产折衷理论（Eclectic Theory），该理论又称所有权—内部化—区位理论模型，即 OIL 模型。1981 年，他在《国际生产和跨国企业》一书中对国际生产折衷理论进行了进一步阐述。该理论是关于国际生产的统一而全面的理论[114]。

该理论把跨国公司的外国直接投资分为四种类型，即市场导向型、资源寻求型、效率导向型和战略资产寻求型。他认为在国际经营活动中有三种优势[60]：

第一，所有权优势。指与垄断相关的规模、技术、研发等形成的市场进入壁垒；与稀缺性、独特性、可持续发展等所有权有关的所有权优势，主要是与技术效率和管理能力有关的优势。

第二，内部化优势。指企业克服市场结构性失效（Structure Market Failure）和市场交易性失灵（Transctional Market Failure）的能力。由于不完全竞争、垄断、市场交易中的信息不对称以及外部市场对资源的不完全分配，内部化转移可以降低成本，增加收入并确保企业所有权的优势，因此公司不得不选择内部化的对外直接投资。

第三，区位优势。包括东道国要素禀赋产生的优势以及东道国的政治、法律、政策、基础设施、教育和文化等，是直接影响跨国公司的对外直接投资所在地和整个国际生产系统布局的直接因素。

所谓内部化是指企业具有一定的组织、指导、协调和控制的能力。它可以在企业内部分配、转移和最有效地利用所有权优势，这有利于长期保持技术优势并克服市场之外的不利因素，可以获得更大的收益。但是邓宁还认为，所有权优势和内部化优势是企业进行国际化的必要条件，但不是充分条件。在企业进行对外直接投资时，出口经营对企业国际化更加有帮助，这就是区位优势。企业国际化的形成离不开所有权优势、内部化优势和区位优势的共同创造，这其中企业在东道国并不拥有有形资产和无形资产，这就是所有权优势。具有更多和更好的无形资产的企业实际上具有垄断优势和地位。

邓宁认为，企业的国际化本能是寻求位置优势。如果一个企业既拥有所有权优势，又拥有内部化优势和区位优势，那么这个企业就可以直接进行国际直接投资[117]，它融合了企业国际化的主观和客观因素，国际化的结论与现实更加吻合。但是，由于邓宁的研究主要是基于发达国家的企业，因此得出的结论很难解释为什么没有三项优势的发展中国家的公司在发达国家已经国际化。

以上理论基于对发达国家跨国公司的研究，对发达国家公司的国际行为有很强的理论解释，构成了跨国公司在发达国家比较流行的理论。

2.4.2 发展中国家对外直接投资理论

自 1980 年以来，随着全球一体化和信息化的发展，相关学者对发展中国家的对外直接投资进行了研究，形成了一些研究成果。

1. 投资发展周期理论

1978 年，在夏威夷召开的第三届跨国公司大会上，英国雷丁大学教授邓宁（John Duning）首次提出了投资发展周期理论[61]。按照邓宁对 67 个国家

1967—1978年直接投资流量与人均GDP之间关系所做的实证考察，邓宁认为，一国的国际投资规模与其经济发展水平有密切的关系，人均国民生产总值越高，其对外直接投资净额就越大。在此后相当长的时间内，邓宁及其学生内热拉（Narula）不断对投资发展周期理论进行修正和完善[61]。

该理论旨在解释一个国家的经济发展水平与国际直接投资之间的关系。它结合了一个国家的经济发展水平、吸引外资的能力。它使用一个国家的人均GDP来分析其国际投资状况并进行实证研究。国际直接投资理论认为，吸收外国直接投资与对外直接投资之间存在内在联系。

邓宁将对外投资的发展划分为四个阶段：

(1) 本国几乎没有所有权优势，也没有内部化优势，外国的区位优势又不能加以利用。

(2) 外国投资开始流入，可能会是对少数国家的少量投资，其目的在于取得先进技术或"购买"进入本地市场的权力，净外国投资额逐渐增长。

(3) 外国投资和对外投资都在增长，但外国投资净额开始下降。

(4) 直接投资净输出阶段。

邓宁提出的投资发展周期理论进一步指出，一个国家吸收外国直接投资和对外直接投资的四个发展阶段与该国的经济发展水平有关。

邓宁的投资发展周期理论是动态地分析一个国家的发展与对外直接投资之间的关系，是其国际生产折衷理论的扩展，其中心命题是发展中国家对外直接投资倾向。

2. 小规模技术理论

1977年，美国经济学家刘易斯·威尔斯（Lewis Wells）在《发展中国家企业国际化》一书中提出了一种小规模技术理论（Theory of small scale technology），并用它来解释发展中国家公司的国际化现象和特征。1983年，威尔斯出版了《第三世界跨国公司》，在该书中他对小规模技术理论进行了详细论述。

小规模技术理论被西方理论界认为是研究发展中国家跨国公司的早期代表性成果。该理论认为，发展中国家的公司国际化发展比较晚，这并不是它们的优势。但它们拥有技术和管理经验却是它们的一大优点。因此，即使是那些技术水平不够先进，生产规模不大的公司，仍然具有强劲的经济势头和更大的参与对外投资的空间。发展中国家在特定市场中，其比较优势主要体现在三个方面：

（1）小规模生产技术适合市场需求低的低收入国家。

（2）小规模技术的优势来自“本地采购和特殊产品”，并且可以满足某一细分海外市场的需求。

（3）低价营销，也就是发展中国家的跨国公司往往投入少量的广告费，也不进行大规模的产品形象和品牌效应的推广，而是采取低价的营销战略。

但该理论将发展中国家跨国公司的竞争优势仅限于小规模生产技术的使用，具有很大的局限性[63]。

3. 边际产业扩张论理论

20 世纪 60 年代，随着日本经济的快速发展，其国际地位日益提高。其与美国和西欧一起构成了国际直接投资的“三国格局”。1977 年，日本学者小岛清（Kiyoshi Kojima）在其出版的《对外直接投资论》一书中系统地阐述了他的对外直接投资理论——边际产业扩张理论，并指出日本的对外直接投资与美国相比具有三个差异[65]。边际产业扩张理论的内容是：对外直接投资应从已经处于或将要处于不利地位的产业（即边际产业）开始，然后依次进行。边际产业扩张理论是一种符合发展中国家对外直接投资的理论。在国际直接投资理论中，边际产业扩张理论被认为是发展中国家对外直接投资理论的典范。

2.5 国内研究现状

2.5.1 我国交通企业国际化发展理论概述

改革开放以来，关于我国交通企业国际化发展的理论研究仍处于起步阶段，缺乏系统化、规范化的特点。这取决于我国交通企业国际化发展的特殊历程和国际地位。我国交通企业国际化发展可以分为三个阶段：内向驱动国际化、外向驱动国际化和正在进行的跨国公司。当前，我国交通企业国际化发展正处于外向国际化向跨国公司化转换的关键时期。

国内学者对我国交通企业发展的探讨比较多，例如，陈金波在基于我国交通企业发展模式研究基础上，提出企业应走自主发展的道路[85]；胡爱民对我国交通企业的发展现状及其发展前景进行了分析[86-87]；马钧、范明瑛对我国自主品牌汽车所面临的挑战进行了总结，并给出了其对应的发展对策[88]。在交通企业未来发展方面，王玮楠认为我国交通企业的发展还需很长的时间[89]；徐钟对自主品牌汽车是否具有长期的发展前景进行了探讨[90]；王乐对我国交通业产品在中高端市场的未来情况进行了分析[91]。

国际化的发展阶段不同，其国际化战略、内容、形式和功能也相应发生变化。内向国际化阶段的战略重点是对外开放战略；外向国际化阶段的战略重点是“走出去”战略；跨国公司化阶段是企业的全球发展战略或者说是全球化战略。根据张磊的研究，我国交通企业国际化发展理论沿革如表2-2[66]所示。

表2-2　我国交通业国际化发展理论沿革

	国际化形式	国际化内容	国际化功能	国际化动因
对外开放战略	内向驱动国际化	(1) 进口 (2) 引进技术、设备 (3)“三来一补” (4)“三资企业”	(1) 提升技术水平 (2) 提升管理水平 (3) 利用外资、技术、市场和信息资源	(1) 资金短缺 (2) 技术出现缺乏 (3) 管理水平不高
“走出去”战略	外向驱动国际化	(1) 直接出口 (2) 贴牌生产 (3) 技术转让和许可(OEM) (4) 海外办事处、销售分公司 (5) 海外技术合作R&D中心 (6) 国际战略联盟	(1) 提高产品质量，改进工艺流程 (2) 建立销售渠道、树立品牌 (3) 产业结构调整、制造业升级 (4) 提升展业竞争力	(1) 资源导向市场导向 (2) 适应性技术转移 (3) 国际国内竞争 (4) 产品结构优化

续表

国际化形式	国际化内容	国际化功能	国际化动因
全球化战略	跨国公司化阶段	(1) 绿地投资 (2) 跨国收购 (3) 跨国兼并 (4) 金融组合	(1) 加快技术进步和技术创新 (2) 全球范围内配置资源 (3) 融入经济全球化浪潮	(1) 全球能源战略 (2) 国际竞争地位 (3) 长期发展目标 (4) 国家竞争力

具体来说，我国交通企业国际化发展阶段的基本情况为：内向国际化发展以对外开放战略理论为指引；外向国际化发展以“走出去”发展战略理论为指引；跨国公司化阶段以全球化发展战略为指引。主要研究内容涉及我国交通企业的国际化方法、过程和规模；走向国际化的我国交通企业的特征和行业特点，“走出去”的目标与途径；我国交通企业国际扩张的动机研究；我国交通企业的国际化程度对经营绩效的影响；等等。

2.5.2 我国交通企业国际化发展研究现状

在对我国交通企业发展的研究中，更多的人将关注的目光转向了其国际化方面。黄哲睿对我国交通企业产品出口与企业的国际化进行了研究，特别从时机和实力两个方面探讨了国际化的可行性[92]。另外，就如何进行国际化方面，刘单丹对如何进入国际化以及如何进行国际化经营进行了研究并给出了建议[95]；李惠玲针对目标市场选择、营销策略组合等方面提出了具体的策略方法[96]。

企业竞争方面的研究较为丰富，既有原则阐述，又有策略探讨。刘佐太对企业竞争环境、市场及其对策进行了较丰富的分析[57]；彭绍仲则对企业竞争的规则进行了探讨[58]；于建原从市场方面对实现路径进行了理论分析[59]。另外，有关企业竞争战略的研究独树一帜。如杨锡怀在《企业战略管理》一书中给出了基本竞争战略的概念，并对其进行了详细的解释[70]；周湘峰、郭艳对供应链下的企业竞争战略模式进行了分析[71]；李群、马敏象、安华轩对信息技术下的竞争战略管理[72]进行了分析；林晓对生态位理论下的企业竞争战略[73]进行了分析；周亚庆对忠诚细分下的企业竞争战略进行了探讨[74]。显然，这些从不同角度所提出的不同竞争战略理论大大丰富了企业竞争战略的理论体系。

随着研究的深入，企业竞争战略越来越细化，出现了较多的分析角度，如战略组织与绩效角度[75]、仿生学角度[76]、顾客价值角度[77]，等等。对企业竞争的研究，不得不提的是对企业竞争力及其绩效的评价，这方面国内外研究较多，多从竞争力和顾客价值角度进行。国内金碚教授所做的贡献较大，他从不同学科角度对相关竞争力理论进行了较为全面的分析和梳理，其企业异质性假设成为企业竞争力研究的理论出发点[78-79]。刘志林从企业形象角度[80]、甘翠峰从知识和文化管理角度[81]、魏杰从企业制度角度[82]对企业竞争力进行了不同的探讨。在绩效评价方面，根据企业竞争力内涵理解的不同构建了不同的指标体系，并采用了不同的评价方法。例如，张守凤利用多层多级模糊模式识别模型对企业竞争力进行了识别和评价[83]；李卫东利用多种方法特别是组合评价法对企业竞争力进行了评价[84]。

2.6 本章主要内容

本章主要阐述了国际化理论研究路线、国际化的基础理论、国际化的阶段理论、国际直接投资理论等内容，同时，对我国交通企业国际化发展方面的研究进行了综述。

随着我国交通企业国际化进程的深入，相信会有越来越多的研究成果问世，但就目前的研究而言，一是缺少对我国交通企业发展现状的现实思考，特别是缺少对我国自主品牌企业在全球化大背景下竞争现状的分析；二是国内外市场发展变化较快，一些问题通过发展已经解决，而一些新的问题随着发展又会出现。因此，有必要在更宏大的国际化背景下对我国交通企业国际化创新发展进行系统分析。

第3章 技术创新、低碳发展和“一带一路”倡议助力我国交通企业国际化创新发展

3.1 技术创新概述

技术创新指生产技术的创新，包括开发新技术，或者将已有的技术进行应用创新。科学是技术之源，技术是产业之源，技术创新建立在科学道理的发现基础之上，而产业创新主要建立在技术创新基础之上。技术创新具有过程的特征，往往表现得更加内在。技术创新可能并不带来产品的改变，而仅仅带来成本的降低、效率的提高，例如，改善生产工艺、优化作业过程，从而减少资源消费、能源消耗、人工耗费或者提高作业速度。另外，新技术的诞生，往往可以带来全新的产品，技术研发往往对应于产品或者着眼于产品创新。

1. 国外相关研究动态

国外学者对技术创新理论的研究较早。早期，国外学者研究技术创新主要以研究国家层面为主，后来开始关注技术创新体系与区域发展的关系，对国家内部区域层次的单个企业创新体系研究相对较丰富，有较为完整的理论体系。

在技术创新对经济增长贡献率的研究方面，包括将技术创新作为一个因素纳入经济增长模型理论［索洛（Robert Merton Solow）、罗默（Paul M. Romer）、卢卡斯（Robert E. Lucas，Jr.），1958］、一般静态均衡和比较静态均衡方法［兰斯·戴维斯（Lance Davids）、道格拉斯·诺斯（Douglass C. North），1977］认为经济增长的关键是只有在预期受益超过预期成本时，制度创新才有可能等。在新技术推广、技术创新与市场结构研究方面，包括企业规模与技术创新的关系［曼斯菲尔德（Edwin Mansfield）、卡曼（Carman）、维尔金斯（Wilkins），1968］。区域创新、产业集群创新等概念和分支理论研究［克里斯·弗里曼（Christophe Freeman）、理查德·纳尔逊（Richard R. Nelson），1988］等。

但是国外学者对技术创新理论的研究是建立在一系列假设前提基础上的，没有考虑其他国家的实际国情，其仅适用于特定的范围，有些实证检验方法很难运用到实践，上述理论不能直接用来解释并指导我国交通业技术创新的实现路径。

2. 国内相关研究动态

当前，技术创新正以前所未有的广度和深度，渗透于经济发展和社会生活的各个领域，成为推动现代生产力发展的重要因素。近年来，国内学者主要从以下几个方面研究技术创新：

（1）企业创新能力研究。包括知识搜索的广度和深度（孙耀吾、秦毓、贺石中，2018）；对现阶段我国“专精特新”中小企业发展中存在的问题和障碍及我国出台的政策措施等方面进行了分析（董志勇、李成，2021）；加强顶层设计和战略规划的统筹性和精准性，加快推进企业创新路径建设（陈劲等，2021）；探索企业如何通过供应链整合推动技术创新能力演化的内在机理（苏敬勤等，2020）。

（2）利用网络进行创新应用。包括企业在其联盟网络中占据的中心性位置（彭伟、符正平，2012）；从价值网络的视角构建企业创新能力体系（李垣等，2017）；企业如何利用创新网络提高技术创新活动的绩效和包容性创新概念、特征与关键成功因素（周江华、刘宏程、仝允桓、邢小强，2013）。

（3）技术与资源创新。包括分析多个国家高新区技术研发的经费投入和人员素质水平对高新技术产品出口绩效的影响（徐二明，2011）；技术创新是促进企业发展和培育核心竞争力的关键推手，能促使企业不断地进行技术创新升级（毛蕴诗、孙赛赛，2016）。

（4）技术创新的政策保障问题。包括政府创新政策具有行政导向性、竞争性和稀缺性的特征，创新政策能推动企业技术创新的发展（田志龙，2019）；中国技术创新政策应形成金融、科技和法规结合的有机整体，发挥企业技术创新主体地位作用（林汉川，2018）。

（5）从产品创新和市场角度研究技术创新。包括企业更倾向于集中母国而非东道国的创新资源以进行技术创新（李新春等，2020）；政府支持、企业创新与动态能力之间的理论影响关系（曾萍、邬绮虹、蓝海林等，2014）；市场竞争倒逼企业技术创新，企业同业合作创新形成明显趋势（路江涌等，2017）。

3.1.1 技术创新与企业升级

1912 年，熊彼特在《经济发展理论》一书中第一次对创新的概念进行了解释。他提出“创新”（innovation）就是建立一种“新的生产函数”，并从五个方面对创新进行了概括：工艺创新、市场开拓创新、要素创新、制度创新和管理体制创新。Kotabe（1990）认为创新可以由根植于产品中的技术和在产品制造过程设计的概念或自合新的原材料以生产最终产品的过程两部分组成。

对企业而言，技术创新能使企业应用创新的知识和新技术、新工艺，采用新的生产方式和经营管理模式，提高产品质量，开发生产新的产品，提供新的服务，占据市场并实现市场价值。企业是技术创新的主体。技术创新是发展高科技、实现产业化的重要前提。

20 世纪 90 年代初期，英国经济学家坎特威尔（Cantwell）和托兰·乔恩（Tolan Jonau）在对发展中国家对外直接投资活动进行系统调查和分析的基础上，提出了技术创新与产业升级理论，该理论指出：

（1）技术创新加快了发展中国家产业结构调整升级的速度，使发展中国家整体创新能力有了明显的提高和改善。

（2）技术能力的提高与对外直接投资息息相关，它能够影响国际生产活动，改善技术水平，对跨国公司的投资形式和增长率有一定的帮助。

此外，该理论认为，发展中国家对外直接投资的工业和地理分布随时间而逐渐变化，并且是可预测的。

3.1.2 技术创新与国际化

国内学者傅家骥（1999）将技术创新分为模仿创新、合作创新、自主创新三个部分。模仿创新作为企业学习的初级阶段，通常是中小企业依据自身所具有的资源与能力做出的理性选择。大多数学者认为模仿创新是企业成长初期的合理选择，自主创新是企业在成长过程中追求的目标（彭纪生、刘春林，2003）。Linsu Kim（1997）提出的后发国家的企业技术能力成长的一般模式是："引进技术—消化吸收—产品创新。"这种模式实质上是模仿式创新，通过实施跟随战略逐步学习、积累技术和经验。由技术生命周期理论可知，生产技术不断升级换代的直接结果是导致产品的不断更新换代。产品的生命周期会随着新技术的研发、扩散、应用而逐渐缩短。并且随着技术能力的累积，企业产品的更新换代会加快。此时，在自主知识产权支持下的产品创新提高了产品的附加价值，能使企业在全球价值链中获取更多的价值。新兴经济体迅速成长与巨大市场，为企业在全球价值链上往高端环节转移，实施转型升级，提供了机遇与空间。Schmitz（2004）指出发展中国家可以凭借国内市场的发育，从而进入区域或全球市场的价值链分工生产体系中。丁宋涛、刘厚俊（2013）指出知识、技术要素的投入有助于提升企业知识要素投入量，可以削弱跨国领航企业自上而下的绝对优势地位，从而提升后发企业的国际分工收益。

2022 年 8 月 5 日，科技部和财政部联合印发的《企业技术创新能力提升行动方案（2022—2023 年）》（国科发区〔2022〕220 号）要求，提高企业创新国际化水平。支持企业建设海外科技创新中心、离岸创新创业中心等基地。支持有条件的企业牵头成立产业创新领域的国际性社会组织，参与制定国际标准。推动一批国家高新区企业与“一带一路”沿线国家科技园区企业在技术、项目、人才等方面开展深层次合作。更好发挥知识产权海外维权援助中心、海外知识产权纠纷应对指导中心作用，提升企业“走出去”知识产权运用和保护能力。加大对企业申报实施国家外国专家项目和国家引才引智示范基地的支持力度。完善对外资研发机构的支持措施，鼓励外资研发机构参与政府科技项目，开展科技成果转化，设立博士后工作站等。

3.1.3 技术创新与交通强国

党的十八大以来，我国综合交通运输体系建设取得了历史性成就，已经成为名副其实的交通大国，正在向交通强国迈进。立足新发展阶段、贯彻新发展理念、构建新发展格局、推动高质量发展，必须要更加重视交通助力经济发展的基础性、先导性、战略性作用。2021 年 12 月 9 日，国务院印发的《“十四五”现代综合交通运输体系发展规划》（国发〔2021〕27 号）明确指出，“十四五”时期，我国综合交通运输发展面临的形势更加复杂多变。要坚持以创新为核心，增强发展动力，推动新科技赋能提升交通运输发展质量效率；要增强综合交通运输体系韧性，调整发展模式，将绿色发展理念、低碳发展要求贯穿发展全过程，提高自身运行安全水平和对国家战略安全的保障能力。

在推动交通科技自立自强方面，强化交通运输领域关键核心技术研发，加快研发轴承、线控底盘、基础技术平台及软硬件系统等关键部件，推动实现自主可控和产业化。加强交通运输领域前瞻性、战略性技术研究储备，加强智能网联汽车、自动驾驶、车路协同、船舶自主航行、船岸协同等领域技术研发，开展高速磁悬浮技术研究论证。强化复杂环境条件下线路、大跨度桥梁、超长隧道等建造技术研发以及高性能工程材料研发。加强高升程、大吨位升船机关键技术研发。

在培育交通科技创新生态圈方面，促进政产学研用在交通运输领域深度融合。鼓励优势企业整合交通科技产业链资源，通过开放数据、开放平台、开放场景，培育交通科技产业生态圈，建设交通科技产业孵化基地。强化行业重点科研平台建设，推进重点实验室、技术创新中心等建设，培育国家级科技创新基地。

强国之强，必有交通之强；交通之强，必依靠技术科技之强，实现“大交通”到“强交通”，助力“强国家”的历史性飞跃，必须紧紧依靠技术创新赋能交通强国建设。

进入新的发展阶段，中国交通企业要以高质量发展为主题，以供给侧结构性改革为主线，牢牢把握“先行官”定位，适度超前，推动交通发展由追求速度规模向更加注重质量效益转变，由各种交通方式相对独立发展向更加注重一体化融合发展转变，由依靠传统要素驱动向更加注重创新驱动转变，构建安全、便捷、高效、绿色、经济的现代化综合交通体系，打造一流设施、一流技术、一流管理、一流服务，努力建设人民满意、保障有力、世界前列的交通强国。

3.1.4 技术创新助力我国交通企业国际化创新发展

2021 年 8 月 25 日，交通运输部、科学技术部联合发布的《关于科技创新驱动加快建设交通强国的意见》（交科技发〔2021〕80 号）指出，要紧紧围绕加快建设科技强国和交通强国的重大任务，聚焦制约交通运输高质量发展的主要问题，强化高质量科技供给，推动产业创新发展，促进新技术与交通运输融合，加强科技创新能力建设，完善体制机制，充分发挥科技创新在推动交通运输高质量发展中的关键作用，加快构建安全、便捷、高效、绿色、经济的现代化综合交通体系。提出要加强重点技术创新攻关、推动产业创新发展、提升技术创新能力、完善技术创新机制，加快构建适应交通强国需要的技术创新体系，发挥技术创新在加快建设交通强国中的关键作用。

坚持引领发展，把科技创新作为最根本、最可持续的竞争力，以高水平科技供给支撑交通运输高质量发展。坚持自主创新，强化基础研究和应用基础研究，加强关键共性技术、前沿引领技术、现代工程技术、颠覆性技术研发，着力突破交通运输“卡脖子”技术难题，抢占世界科技制高点，实现高水平科技自立自强。坚持开放包容，加强国际国内合作与交流，强化企业技术创新主体地位，建立健全产学研用深度融合的协同创新机制。

1. 强化交通运输高质量科技供给

从交通强国建设的急迫需要和长远需求出发，按照"夯基础、补短板、锻长板、增优势"的思路，在加强基础研究和应用基础研究方面，开展综合交通运输理论研究，加强基础设施长期性能观测研究，增强原始创新能力。强化基础设施可靠性设计建造理论、绿色智能融合基础理论、全寿命周期性能演化规律及致灾机理等应用基础研究。推进人机交互、新能源新材料制备加工和性能调控等前沿交叉领域应用基础研究。

在攻克交通运输关键核心技术方面，重点突破交通装备动力、感知、控制等核心零部件及通信导航设备、应急救援装备等共性关键技术，攻克大深度饱和潜水、航空器适航审定等行业特色关键技术，强化新材料应用技术研发，提升专业软件自主可控能力。

在强化现代工程技术研发方面，突破特殊复杂自然条件下交通基础设施智能建造及健康保障技术。研发在役交通基础设施性能提升与扩能改建技术，突破全天候监测、智能化检测、自动化预警、无人化养护、快速化处置等技术与装备。推动基础设施数字化、网联化，实现重点领域交通感知网络全覆盖。

在加强前沿技术和颠覆性技术研发方面，合理统筹高速轮轨列车、高速重载货运列车研究。加强自主式交通系统成套技术研发。开展超高速列车、超高速商用飞机等新型载运工具研制，攻克海底悬浮隧道理论体系与关键技术。

2. 推动交通运输产业技术创新发展

坚持交通运输全产业链协同发展理念，在促进交通建筑业高质量发展方面，推动交通基础设施装配化、工业化、标准化和数字化发展，促进智慧工地技术研发与应用，加快建筑信息模型（BIM）技术自主创新应用，提升预制构件的标准化水平，支持工程新材料产业发展。

在加快重点交通装备业发展方面，加快新一代轨道交通、新能源与智能网联汽车、高技术船舶、航空装备、现代物流装备等自主研发及产业化，推动突发事件交通运输应急处置、救助打捞、导航测绘、检验检测及监测等专用装备自主化智能化发展，加强智能高铁、智慧公路、自动化码头、数字管网等新型装备设施研发应用和产业发展。

在推动运输服务业创新发展方面，发展全链条、智能化、一站式出行服务技术，构建旅客联程运输系统。加快智慧物流技术装备研发应用，构建多式联运网络。推动无人机（车）物流递送发展。探索开展城市地下物流配送、多栖化运输系统的工程化应用。

在打造交通产业创新发展载体方面，推动产业技术创新战略联盟发展，打造综合交通产业主平台、综合交通产业园区和特色小镇，鼓励各类金融资本、社会资本支持交通运输新基建重大产业项目，促进科技成果转化与产业合作。

3. 促进新技术与交通运输融合发展

立足交通运输多学科交叉融合与应用为主的特点，在促进新一代信息技术与交通运输融合发展方面，推动大数据、人工智能、区块链、物联网、云计算和新一代无线通信、北斗导航、卫星通信、高分遥感卫星等技术与交通运输深度融合，开发新一代智能交通系统，促进自动驾驶、智能航运等加快应用，突破综合交通网运营服务、危险货物管控等关键技术，健全部门间协同监管、数据共享、系统互联机制，构建“陆海空天”一体化交通运输安全保障与监管服务体系。

在促进先进制造技术与交通运输融合发展方面，加速新材料、增材制造、先进成形与连接技术在交通基础设施建设和装备领域的深度应用，加快工业机器人技术在交通运输应急救援、重大基础设施检修领域的应用，促进传感测量和过程控制技术在智能交通领域应用示范。

在促进安全绿色技术与交通运输融合发展方面，加强人机交互、安全事故（征候）人因机理与干预，以及生物安全、医疗卫生等关键技术研究应用。推动资源集约节约及再生利用、碳达峰碳中和、生态修复等理论方法及技术攻关。研发新型动力系统、高效清洁载运装备、新能源安全储运装备、船舶和码头油气回收和安全检测成套设备。发展生物降解包装、智能打包、循环及共享包装等新材料新技术。

4. 加强交通运输技术创新能力建设

围绕打造世界前列的科技创新能力、实现高水平科技自立自强。在建设交通运输科技创新基地方面，优化平台布局，统筹交通运输领域技术创新中心、重点实验室、野外科学观测基地、科学数据中心等布局与发展，推动交通运输科技资源开放共享，探索完善科技创新基地和重点科研平台建设及运行保障机制，强化交通运输领域国家战略科技力量。

在打造高水平科技人才队伍方面，创新人才培养、引进、使用和评价机制，健全符合科技创新规律、激发人才创新活力的多样化分配机制，加快构建以创新价值、能力、贡献为导向的科技人才评价体系，培养一批具有国际水平的战略科技人才、科技领军人才、青年科技人才和创新团队，推动科学研究人才、高端智库人才、技能型人才协同发展。

在促进区域创新能力协调发展方面，提升东部地区的原始创新和集成创新能力，培育具有国际竞争力的产业集群。支持中西部地区和东北地区在特色优势领域优先布局交通运输创新平台和创新设施设备，推动具有区域特色的科技成果示范应用和产业化。

在深化交通运输国际科技交流合作方面，加强与科技发达国家开展多层次多领域科技交流合作，拓展与发展中国家在优势技术、方案、标准等方面的合作空间，加强与重要国际科技组织合作，研究推动成立交通运输国际科技合作组织，推进实施“一带一路”交通运输国际科技创新行动计划。

5. 完善交通运输科技创新体制机制

在构建高质量技术标准和法规体系方面，构建适应交通运输高质量发展的标准体系，强化前瞻性、战略性领域技术标准布局，加快基础性关键标准研究和应用，推动强制性标准制定与实施，形成支撑产业升级的标准群，支持企业和机构参与或主导国际标准研制。

在激发创新主体活力方面，发挥企业技术创新主体作用，强化企业在科技创新规划、计划、政策和标准中的参与度，鼓励企业依法合规拓宽融资渠道，牵头整合集聚创新资源，开展关键核心技术攻关、产业共性技术研发、科技成果转化及产业化。发挥高校学科调整自主权作用，优化前沿交叉学科布局。赋予科研院所更大科研相关自主权。发挥学（协）会在推动新产品、新技术、新工艺、新材料推广应用中的作用。

在提升科技成果转化能力方面，完善科技成果推广应用反馈评估机制。

培育专业技术转移机构和人才，建设科技成果中试及产业化载体。依法健全职务科技成果产权制度，构建科技成果转化绩效评价体系，完善激励与约束机制。支持高校、科研院所推动成果转化与创业的有机结合。

在营造良好科技创新环境方面。大力弘扬科学家精神，培树先进典型。赋予科学家更大技术路线决定权和经费使用权。推行交通运输科研项目经费包干制。完善科研机构绩效评价体系，强化科研作风学风和诚信体系建设。建设高水平国家交通运输科普基地，提升科普服务能力。

技术创新助力我国交通企业国际化发展，对这方面的认识，无论是只强调技术，还是只强调发展，都是不全面的认识。只有二者结合，才有可能是理性、现实的，技术创新并不是技术开发和技术利用简单的相加，不是 $1+1=2$，而是技术开发和技术利用相加后的整体，是 $1+1>2$ 的加法，整体大于部分之和。技术开发和技术利用要组成一个有机的整体，在这个整体中，不仅需要从技术的角度、技术发展的规律考虑技术开发的可能性，还要以市场为导向，考虑技术开发的有效性。市场引导着技术开发的方向，技术本身的发展规律决定这种引导实现的状况和程度。循着这一认识路径，我们看到，技术开发、开发成果的转移、技术开发成果的利用构成一个完整的技术创新过程。

3.2 低碳发展概述

低碳发展是一种以低耗能、低污染、低排放为特征的可持续发展模式，低碳发展是“低碳”与“发展”的有机结合，一方面要降低二氧化碳排放，另一方面要实现经济社会发展。低碳发展并非一味地降低二氧化碳排放，而是要通过构建新发展格局，在减碳的同时提高效益或竞争力，促进经济社会同步发展。

低碳经济能促进人与自然的和谐、保障经济社会的可持续发展，推进低碳发展有利于培育可持续竞争力。在低碳发展的世界潮流中，谁先掌握低碳技术、低碳品牌和低碳标准，谁就抢占了新的市场制高点，拥有了新的竞争优势，形成了可持续的国际化的竞争力。

推进低碳发展有利于促进产业结构转型升级。推进低碳发展，就必须降低高能耗、高排放、高污染产业的比重，提高低消耗、低排放、低污染产业的比重，而这正是产业结构转型升级的方向。

推进低碳发展有利于树立负责任的大国形象。历史上的累积碳排放主要是由发达国家造成的，中国等发展中国家历史累积碳排放量占全球历史累积排放量的比例较低。中国人口众多，尚处于工业化和城市化快速推进阶段，这些都决定了中国在应对气候变化领域面临比发达国家更严峻的挑战。推进低碳发展，不仅符合中国资源环境承载力有限的国情和实现可持续发展的要求，而且符合国际发展的潮流。

3.2.1 低碳发展的历史与现状

1962 年，美国海洋生物学家蕾切尔尔卡逊发表了震惊世界的警示性著作《寂静的春天》，拉开了现代环境运动的序幕，人们开始关注生态与环境问题；1972 年罗马俱乐部发表的《增长的极限》告诫人类：如果按照传统的人口、工业、污染、粮食和资源消耗的发展趋势而不发生改变，则在 100 年内（从 1972 年算起）人类赖以生存的地球将达到增长的极限；2007 年 12 月，在印度尼西亚巴厘岛举行的联合国气候变化大会通过了《巴厘路线图》规定，2009 年的哥本哈根气候大会尽管没有形成具有约束力的议定书，但这次气候大会吹响了全球向“低碳社会”进发的号角；2011 年 12 月，德班世界气候大会在经历重重磨难后通过了“德班一揽子决议”，决定实施《京都议定书》第二承诺期并启动“绿色气候基金”。

由环境和生态问题上升到可持续发展问题，由全球气候变化到发展低碳经济，前后经历了将近 70 年的时间，这是人类对自然界认识不断深化和人类自身可持续发展不断探索的结果。从科学和技术发展史的观点看，人类化解重大发展危机最终需要依靠科学的发展和技术的进步。从技术创新的角度，以人类社会已经拥有的低碳技术共同应对全球气候变暖，还有相当大的碳减排潜力可以挖掘。

综合来看，发达国家的强权和霸权与发展中国家力争公平发展的诉求之间难以协调，仅仅依靠发达国家自主减排和发达国家在资金和技术方面支持发展中国家以达到共同碳减排的目标是行不通的。发展中国家实现碳减排目标只能在现实约束条件下，一方面继续通过国际谈判和磋商，争取发达国家在资金和技术方面的支持；另一方面依靠技术自主创新，通过技术突破来实现。

在我国经济发展的实践中，对低碳发展重要性的认识短期内难以明显提高，重 GDP 增长轻结构优化、重增长数量轻发展质量、重短期绩效轻长远利益、重形象工程轻社会效益的现象依然严重，低碳发展被放在工作的次要位置，无法发挥政府在节能中的引导作用。

新时期，要大力推进交通运输绿色发展，树立和践行绿水青山就是金山银山的理念，完善交通运输生态文明制度体系，全面推进节能减排和低碳发展。坚定不移推进节能减排，努力建设低碳交通，走出一条能耗排放做“减法”、经济发展做“加法”的新路子。严格实施能源消费总量和强度双控制度，着力提升交通运输综合效能，全国铁路电气化比例达到 71.9%，新能源公交车超过 40 万辆，新能源货车超过 43 万辆，天然气运营车辆超过 18 万辆，液化天然气（LNG）动力船舶建成 290 余艘，机场新能源车辆设备占比约 14%，飞机辅助动力装置（APU）替代设施全面使用，邮政快递车辆中新能源和清洁能源车辆的保有量及在重点区域的使用比例稳步提升。全国 942 处高速公路服务区（停车区）内建成运营充电桩超过 7400 个，港口岸电设施建成 5800 多套，覆盖泊位 7200 余个，沿江沿海主要港口集装箱码头全面完成“油改电”。绿色交通省（城市）、绿色公路、绿色港口等示范工程，年节能量超过 63 万吨标准煤。通过中央车购税资金，支持建设综合客运枢纽、货运枢纽、疏港铁路，统筹推进公铁联运、海铁联运等多式联运发展，推进运输结构调整。

3.2.2 低碳发展促进我国交通企业国际化创新发展

我国低碳服务体系薄弱，缺乏成果鉴定和认证能力，缺少权威、稳定的低碳信息交流与合作平台，对低碳技术和产品的知识产权保护不力，制约了低碳技术的推广应用。我国仍处于工业化、城镇化快速推进的发展阶段，产业结构比例短期内难以实现大幅调整。我国以煤为主的能源结构在近期内难以改变。据测算，到2030年我国煤炭仍将占一次能源消费的一半以上。

2013年5月22日，交通运输部印发的《加快推进绿色循环低碳交通运输发展指导意见》（交政法发〔2013〕323号）要求，交通业要以节约资源、提高能效、控制排放、保护环境为目标，以加快推进绿色循环低碳交通基础设施建设、节能环保运输装备应用、集约高效运输组织体系建设、科技创新与信息化建设、行业监管能力提升为主要任务，以试点示范和专项行动为主要推进方式，将生态文明建设融入交通运输发展的各方面和全过程，加快建成资源节约型、环境友好型交通运输行业，实现交通运输绿色发展、循环发展、低碳发展。

在加强绿色循环低碳交通运输科研基础能力建设方面，加强交通运输绿色循环低碳实验室、技术研发中心、技术服务中心等技术创新和服务体系建设。强化绿色循环低碳交通人才队伍建设，打造一支数量充足、结构合理、素质优良的绿色循环低碳交通运输专业人才队伍。

在加强绿色循环低碳交通运输技术研发方面，加快推进基于物联网的智能交通关键技术研发及应用、交通运输污染事故应急反应与污染控制的关键技术研究及示范等重大科技专项攻关，实现重大技术突破。大力推进交通运输能源资源节约、生态环境保护、新能源利用等领域关键技术、先进适用技术与产品研发。

在加强绿色循环低碳交通运输技术和产品推广方面，加紧研究制定绿色循环低碳交通运输技术政策。及时发布绿色循环低碳交通运输技术、产品、工艺科技成果推广目录，积极推进科技成果市场化、产业化。大力推进绿色循环低碳交通运输技术、产品、工艺的标准、计量检测、认证体系建设。

在积极探索参与碳排放交易机制方面，引导交通运输企业参与国内碳排放交易，研究编制交通运输碳排放清单和核算细则。抓紧研究应对国际碳排放交易的对策，提出交通运输排放统计、估测、报告与核查的方法学和体系。加快研究交通基础设施生态建设的碳汇能力和潜力，探索将其纳入碳排放交易的方法和模式。

在深化交流合作方面，积极参与应对气候变化国际谈判，维护国家整体利益和行业发展利益。结合国际谈判进展和欧盟等各国的相关政策，研究提出我国参与国际交通运输温室气体谈判和国际多边合作的对策建议。加强与国际组织、国外政府机构、企业、研究咨询机构等的交流合作，广泛利用国际资源，积极吸收借鉴国际先进经验。搭建行业绿色循环低碳发展交流平台，促进先进技术推广和经验交流。

从我国发展低碳经济促进我国交通企业国际化发展的重大需求来看，发展低碳技术不仅是减缓和适应气候变化的需要，同时也是保障能源供应安全、建设资源节约和环境友好型社会和建设生态文明的需要，更是可持续发展的必然选择。

3.3 “一带一路”倡议概述

2000多年前，亚欧大陆上勤劳勇敢的人民，探索出多条连接亚欧非几大文明的贸易和人文交流通路，后人将其统称为“丝绸之路”。千百年来，“和平合作、开放包容、互学互鉴、互利共赢”的丝绸之路精神薪火相传，推进了人类文明进步，是促进沿线各国繁荣发展的重要纽带，是东西方交流合作的象征，是世界各国共有的历史文化遗产。

进入21世纪，在以和平、发展、合作、共赢为主题的新时代，面对复苏乏力的全球经济形势，纷繁复杂的国际和地区局面，传承和弘扬丝绸之路精神更显重要和珍贵。

“一带一路”分别指的是“丝绸之路经济带”和“21世纪海上丝绸之

路”（以下简称“一带一路”）。“一带一路”倡议是中国倡导、高层领导推动的国家战略，对中国的现代化建设及其在世界上的领导地位具有深远的战略意义。“一带一路”构想的提出，满足了“一带一路”沿线国家的共同需求，为“一带一路”沿线国家打开了新的机遇之窗，以优势互补，开拓发展，成为国际合作的新平台。“一带一路”在平等文化认同框架下讨论合作，是国家的战略决策，体现了和平、交流、谅解、包容、合作、共赢的精神。“一带一路”依靠中国与有关国家既有的双多边机制，借助既有的、行之有效的区域合作平台，高举和平发展的旗帜，积极发展与沿线国家的经济合作伙伴关系，共同打造政治互信、经济融合、文化包容的利益共同体、命运共同体和责任共同体。

“一带一路”是共商共建共享的联动发展倡议，而非中国的对外援助计划。“一带一路”建设是双边或多边联动基础上通过具体项目加以推进的，是在进行充分政策沟通、战略对接以及市场运作后形成的发展倡议与规划。2017 年 5 月，《“一带一路”国际合作高峰论坛圆桌峰会联合公报》中强调了建设“一带一路”的基本原则，其中就包括市场原则，即充分认识市场作用和企业主体地位，确保政府发挥适当作用，政府采购程序应开放、透明、非歧视。可见，“一带一路”建设的核心主体与支撑力量并不在政府，而是企业，根本方法是遵循市场规律，并通过市场化运作模式来实现参与各方的利益诉求，政府在其中发挥构建平台、创立机制、政策引导等指向性、服务性功能。

2022 年 10 月 9 日，国家统计局发布党的十八大以来经济社会发展成就系列报告之十七。报告指出，“一带一路”倡议实施以来，我国统筹谋划推动高质量发展、构建新发展格局和共建“一带一路”，坚持共商共建共享原则，把基础设施“硬联通”作为重要方向，把规则标准“软联通”作为重要支撑，把同共建国家人民“心联通”作为重要基础，推动共建“一带一路”高质量发展，取得实打实、沉甸甸的成果。报告显示，“一带一路”倡议得到越来越多国家和国际组织的积极响应，成为当今世界深受欢迎的国际公共产品和国际合作平台。

截至 2021 年末，我国已与 145 个国家、32 个国际组织签署 200 余份共建“一带一路”合作文件，涵盖投资、贸易、金融、科技、社会、人文、民生等领域。

2015年3月28日，国家发展和改革委员会、外交部和商务部共同发布了《推动共建丝绸之路经济带和21世纪海上丝绸之路的愿景和行动》。推进“一带一路”建设，中国将充分发挥国内各地区比较优势，实行更加积极主动的开放战略，加强东中西互动合作，全面提升开放型经济水平。

（1）西北、东北地区。发挥新疆独特的区位优势和向西开放重要窗口作用，深化与中亚、南亚、西亚等国家交流合作，形成丝绸之路经济带上重要的交通枢纽、商贸物流和文化科教中心，打造丝绸之路经济带核心区。发挥陕西、甘肃综合经济文化和宁夏、青海民族人文优势，打造西安内陆型改革开放新高地，加快兰州、西宁开发开放，推进宁夏内陆开放型经济试验区建设，形成面向中亚、南亚、西亚国家的通道、商贸物流枢纽、重要产业和人文交流基地。发挥内蒙古联通俄蒙的区位优势，完善黑龙江对俄铁路通道和区域铁路网，以及黑龙江、吉林、辽宁与俄远东地区陆海联运合作，推进构建北京—莫斯科欧亚高速运输走廊，建设向北开放的重要窗口。

（2）西南地区。发挥广西与东盟国家陆海相邻的独特优势，加快北部湾经济区和珠江—西江经济带开放发展，构建面向东盟区域的国际通道，打造西南、中南地区开放发展新的战略支点，形成21世纪海上丝绸之路与丝绸之路经济带有机衔接的重要门户。发挥云南区位优势，推进与周边国家的国际运输通道建设，打造大湄公河次区域经济合作新高地，建设成为面向南亚、东南亚的辐射中心。推进西藏与尼泊尔等国家边境贸易和旅游文化合作。

（3）沿海和港澳台地区。利用长三角、珠三角、海峡西岸、环渤海等经济区开放程度高、经济实力强、辐射带动作用大的优势，加快推进中国（上海）自由贸易试验区建设，支持福建建设21世纪海上丝绸之路核心区。充分发挥深圳前海、广州南沙、珠海横琴、福建平潭等开放合作区作用，深化与港澳台合作，打造粤港澳大湾区。推进浙江海洋经济发展示范区、福建海峡蓝色经济试验区和舟山群岛新区建设，加大海南国际旅游岛开发开放力度。加强上海、天津、宁波—舟山、广州、深圳、湛江、汕头、青岛、烟台、大连、福州、厦门、泉州、海口、三亚等沿海城市港口建设，强化上海、广州等国际枢纽机场功能。以扩大开放倒逼深层次改革，创新开放型经济体制机制，加大科技创新力度，形成参与和引领国际合作竞争新优势，成为“一带一路”特别是21世纪海上丝绸之路建设的排头兵和主力军。发挥海外侨胞以及香港、澳门特别行政区独特优势作用，积极参与和助力“一带一路”建设。为台湾地区参与“一带一路”建设做出妥善安排。

（4）内陆地区。利用内陆纵深广阔、人力资源丰富、产业基础较好优势，依托长江中游城市群、成渝城市群、中原城市群、呼包鄂榆城市群、哈长城市群等重点区域，推动区域互动合作和产业集聚发展，打造重庆西部开发开放重要支撑和成都、郑州、武汉、长沙、南昌、合肥等内陆开放型经济高地。加快推动长江中上游地区和俄罗斯伏尔加河沿岸联邦区的合作。建立中欧通道铁路运输、口岸通关协调机制，打造“中欧班列”品牌，建设沟通境内外、连接东中西的运输通道。支持郑州、西安等内陆城市建设航空港、国际陆港，加强内陆口岸与沿海、沿边口岸通关合作，开展跨境贸易电子商务服务试点。优化海关特殊监管区域布局，创新加工贸易模式，深化与沿线国家的产业合作。

“一带一路”是一条互尊互信之路，是一条合作共赢之路，是一条文明互鉴之路。只要沿线各国和衷共济、相向而行，就一定能够谱写建设丝绸之路经济带和21世纪海上丝绸之路的新篇章，让沿线各国人民共享“一带一路”共建成果。

3.3.1 “一带一路”倡议的提出背景及战略意义

1.“一带一路”倡议的提出背景

当今世界正发生复杂深刻的变化，国际金融危机深层次影响继续显现，世界经济缓慢复苏、发展分化，国际投资贸易格局和多边投资贸易规则酝酿深刻调整，各国面临的发展问题依然严峻。在此背景下，我国从长远发展出发提出来了“一带一路”倡议。

共建“一带一路”是中国的倡议，也是中国与沿线国家的共同愿望。

共建“一带一路”顺应世界多极化、经济全球化、文化多样化、社会信息化的潮流，秉持开放的区域合作精神，致力于维护全球自由贸易体系和开放型世界经济。

共建“一带一路”旨在促进经济要素有序自由流动、资源高效配置和市场深度融合，推动沿线各国实现经济政策协调，开展更大范围、更高水平、更深层次的区域合作，共同打造开放、包容、均衡、普惠的区域经济合作架构。

共建“一带一路”符合国际社会的根本利益，彰显人类社会共同理想和美好追求，是国际合作以及全球治理新模式的积极探索，将为世界和平发展增添新的正能量。

2013 年 9 月 7 日，习近平主席在哈萨克斯坦纳扎尔巴耶夫大学发表重要演讲时指出，为了使欧亚各国经济联系更加紧密、相互合作更加深入、发展空间更加广阔，我们可以用创新的合作模式，共同建设“丝绸之路经济带”。这是一项造福沿途各国人民的大事业。我们可以从以下几个方面先做起来：第一，加强政策沟通；第二，加强道路联通；第三，加强贸易畅通；第四，加强货币流通；第五，加强民心相通。以点带面，从线到片，逐步形成区域大合作。

2013 年 10 月 3 日，习近平主席在印度尼西亚国会发表题为《携手建设中国—东盟命运共同体》的重要演讲时指出，中国致力于加强同东盟国家的互联互通建设。中国倡议筹建亚洲基础设施投资银行，愿支持本地区发展中国家包括东盟国家开展基础设施互联互通建设。东南亚地区自古以来就是“海上丝绸之路”的重要枢纽，中国愿同东盟国家加强海上合作，使用好中国政府设立的中国—东盟海上合作基金，发展好海洋合作伙伴关系，共同建设 21 世纪“海上丝绸之路”。中国愿通过扩大同东盟国家各领域务实合作，互通有无、优势互补，同东盟国家共享机遇、共迎挑战，实现共同发展、共同繁荣。

2014 年 5 月 21 日，亚洲相互协作与信任措施会议第四次峰会在上海举行，习近平主席主持会议并发表题为《积极树立亚洲安全观 共创安全合作新局面》主旨讲话，提出践行“共同、综合、合作、可持续”的新安全观。

习近平主席指出，中国将与其他国家一道，加快"丝绸之路经济带"和"21世纪海上丝绸之路"的建设，并启动亚洲基础设施建设投资银行，更深入地参与区域合作进程，促进亚洲发展与安全的相互发展和互补。

2014年11月8日，加强互联互通伙伴关系对话会在北京举行，习近平主席主持会议并发表题为《联通引领发展 伙伴聚焦合作》的重要讲话。习近平主席在讲话中指出，中国政府提出共同建设丝绸之路经济带和21世纪海上丝绸之路的倡议，得到国际社会特别是在座各国领导人积极回应。"一带一路"和互联互通是相融相近、相辅相成的。如果将"一带一路"比喻为亚洲腾飞的两只翅膀，那么互联互通就是两只翅膀的血脉经络。当前，"一带一路"进入了务实合作阶段，中方对深化合作有以下几点建议：第一，以亚洲国家为重点方向，率先实现亚洲互联互通。"一带一路"源于亚洲、依托亚洲、造福亚洲，关注亚洲国家互联互通，努力扩大亚洲国家共同利益。"一带一路"是中国和亚洲邻国的共同事业，中国将周边国家作为外交政策的优先方向，践行亲、诚、惠、容的理念，愿意通过互联互通为亚洲邻国提供更多公共产品，欢迎大家搭乘中国发展的列车。第二，以经济走廊为依托，建立亚洲互联互通的基本框架。目前，中方制定的"一带一路"规划基本成形。这包括在同各方充分沟通的基础上正在构建的陆上经济合作走廊和海上经济合作走廊。这一框架兼顾各国需求，统筹陆海两大方向，涵盖面宽，包容性强，辐射作用大。中方愿同有关国家进一步协商，完善合作蓝图，打牢合作基础。第三，以交通基础设施为突破，实现亚洲互联互通的早期收获。丝绸之路首先得要有路，有路才能人畅其行、物畅其流。中方高度重视联通中国和巴基斯坦、孟加拉国、缅甸、老挝、柬埔寨、蒙古国、塔吉克斯坦等邻国的铁路、公路项目，将在推进"一带一路"建设中优先部署。只有让大家尽早分享到早期收获，"一带一路"才有吸引力和生命力。第四，以建设融资平台为抓手，打破亚洲互联互通的瓶颈。亚洲各国多是发展中国家，普遍缺乏建设资金，关键是盘活存量、用好增量，将宝贵的资金用在刀刃上。我在此宣布，中国将出资400亿美元成立丝路基金，为"一带一路"沿线国家基础设施、资源开发、产业合作和金融合作等与互联互通有关的项目提供投融资支持。丝路基金是开放的，可以根据地区、行业或者项目类型设立子基金，欢迎亚洲域内外的投资者积极参与。第五，以人文交流为纽带，夯实亚洲互联互通的社会根基。中国支持不同文明和宗教对话，鼓励加强各国文化交流和民间往来，支持丝绸之路沿线国家联合申请世界文化遗产，鼓励更多亚洲国家地方省区市建立合作关系。亚洲旅游资源丰富，出国旅游的人越来越多，应该发展丝绸之路特色旅游，让旅游合作和互联互通建设相互促进。互联互通需要大量专业人才，未来5年，中国将为周边国家提供2万个互联互通领域的培训名额，帮助周边国家培养自己的专家队伍。中国也愿派出更多留学生、专家学者到周边国家学习交流。

2016年8月17日，习近平主席提出了推进“一带一路”建设的八项要求。一是切实促进思想团结，坚持各国协商，建设和共享，遵循平等互利，牢固把握重点方向，重点抓重点地区，重点国家，重点工程，抢占发展这个最大的公约数，不仅造福中国人民还将使沿途所有国家的人民受益。中方欢迎各方乘坐中方发展的快车，并欢迎所有国家和国际组织参与合作。二是有效推进计划的实施，认真组织，准确发挥作用，进一步研究和提出具体政策措施，促进“一带一路”建设，创新运用方法，完善配套服务，重点支持基础设施互联互通，能源资源开发利用，经贸等战略重点项目，如产业合作区建设和产业核心技术研发支撑。三是切实促进全面协调，坚持海陆协调，坚持内外协调，加强政府和企业协调，鼓励内资企业在沿线国家投资经营，也欢迎沿线国家的企业来华投资。在中国投资的途径，并加强“一带一路”倡议的建设，整合京津冀协调发展和长江经济带发展等国家战略，结合西部大开发，振兴东北，中部崛起，东部第一发展和西部大开发。沿边界的发展和开放，导致了东部，中部和西部地区的全面开放和共同发展。第四是以基础设施互联互通，产能合作，经贸产业合作区为出发点，切实推进重点项目的实施，实施一批示范项目，并尽早收获，使相关国家将继续具有真正的收获意义。第五，要有效促进金融创新，创新国际融资模式，深化金融领域合作，建立多层次金融平台，建立长期、稳定、可持续、可控的金融安全体系。第六，要有效促进民心交流，弘扬丝绸之路精神，促进文明相互交流，重视人文合作。第七，要有效地宣传舆论，积极促进“一带一路”建设的实效，加强“一带一路”建设的学术研究，理论支持和话语体系。第八，必须有效促进安全保障，改善安全风险评估，监测，预警和应急反应，建立健全工作机制，完善工作计划，确保在各部门，各项目执行单位实施相关部署和措施。

2.“一带一路”倡议的战略意义

“一带一路”战略理念意味着中国战略性的改变了对外开放的政策。共建“一带一路”倡议，目的是聚焦互联互通，深化务实合作，携手应对人类面临的各种风险挑战，实现互利共赢、共同发展。共建“一带一路”倡议，得到有关国家和国际社会广泛认同和热情参与，取得了丰硕成果。“一带一路”倡议顺应时代潮流，适应发展规律，符合各国人民利益，具有广阔前景。

（1）“一带一路”是构建人类命运共同体重要平台。多边主义是最符合各国人民利益的必由之路。面对层出不穷的全球性挑战，各国除了加强多边合作，没有更好的选择。中国提出构建人类命运共同体，倡议共建“一带一路”，就是在反复思考世界各国应如何在千差万别的利益和诉求中实现共商共享、和而不同、合作共赢。

（2）“一带一路”顺应了全球治理体系变革的内在要求。共建“一带一路”顺应了全球治理体系变革的内在要求，彰显了同舟共济、权责共担的命运共同体意识，为完善全球治理体系变革提供了新思路新方案。

（3）“一带一路”建设造福沿线各国人民。共建“一带一路”是开放的合作平台，秉持的是共商共建共享的基本原则，以“五通”合作为关键支撑，把政策沟通、设施联通、贸易畅通、资金融通、民心相通落到实处，打造国际合作新平台，增添共同发展新动力，使“一带一路”惠及更多的国家和人民。

（4）“一带一路”拓展了国际合作新空间。“一带一路”贯穿亚欧非大陆，既有新兴市场国家，又有发达国家。沿线各国资源禀赋各异，经济互补性较强，彼此合作潜力和空间巨大。在深化贸易投资合作方面，中国将积极同“一带一路”建设参与国发展互利共赢的经贸伙伴关系，促进同各相关国家贸易和投资便利化，建设“一带一路”自由贸易网络，助力地区和世界经济增长。在促进基础设施互联互通方面，设立丝路基金，支持发展中国家开展基础设施互联互通建设，帮助他们增强自身发展能力，更好融入全球供应链、产业链、价值链，为国际减贫事业注入新活力。在加强创新能力开放合作方面，坚持创新驱动发展，加强在数字经济、人工智能、纳米技术、量子计算机等前沿领域合作，推动大数据、云计算、智慧城市建设，连接成21世纪的数字丝绸之路。坚持促进科技同产业、科技同金融深度融合，优化创新环境，集聚创新资源。

3.3.2 “一带一路”倡议的基本原则及合作机制

1. “一带一路”倡议的基本原则

针对共建“一带一路”，中国具体提出了五项原则。

一是恪守联合国宪章的宗旨和原则。遵守和平共处五项原则，即尊重各国主权和领土完整、互不侵犯、互不干涉内政、和平共处、平等互利。

二是坚持开放合作。“一带一路”相关的国家基于但不限于古代丝绸之路的范围，各国和国际、地区组织均可参与，让共建成果惠及更广泛的区域。

三是坚持和谐包容。倡导文明宽容，尊重各国发展道路和模式的选择，加强不同文明之间的对话，求同存异、兼容并蓄、和平共处、共生共荣。

四是坚持市场运作。遵循市场规律和国际通行规则，充分发挥市场在资源配置中的决定性作用和各类企业的主体作用，同时发挥好政府的作用。

五是坚持互利共赢。兼顾各方利益和关切，寻求利益契合点和合作最大公约数，体现各方智慧和创意，各施所长，各尽所能，把各方优势和潜力充分发挥出来。

2. “一带一路”倡议的合作机制

以共建“一带一路”为实践平台推动构建人类命运共同体，这是从我国改革开放和长远发展出发提出来的。共建“一带一路”顺应了全球治理体系变革的内在要求，彰显了同舟共济、权责共担的命运共同体意识，为完善全球治理体系变革提供了新思路新方案。

当前，中国经济和世界经济高度关联。中国将一以贯之地坚持对外开放的基本国策，构建全方位开放新格局，深度融入世界经济体系。推进“一带一路”建设既是中国扩大和深化对外开放的需要，也是加强和亚欧非及世界各国互利合作的需要。

当前，世界经济融合加速发展，区域合作方兴未艾。积极利用现有双多边合作机制，推动“一带一路”建设，促进区域合作蓬勃发展。

（1）加强双边合作，开展多层次、多渠道沟通磋商，推动双边关系全面发展。推动签署合作备忘录或合作规划，建设一批双边合作示范。建立完善双边联合工作机制，研究推进“一带一路”建设的实施方案、行动路线图。充分发挥现有联委会、混委会、协委会、指导委员会、管理委员会等双边机制作用，协调推动合作项目实施。

（2）强化多边合作机制作用，发挥上海合作组织（SCO）、中国—东盟（“10+1”）、亚太经合组织（APEC）、亚欧会议（ASEM）、亚洲合作对话（ACD）、亚信会议（CICA）、中阿合作论坛、中国—海合会战略对话、大湄公河次区域（GMS）经济合作、中亚区域经济合作（CAREC）等现有多边合作机制作用，相关国家加强沟通，让更多国家和地区参与“一带一路”建设。

（3）继续发挥沿线各国区域、次区域相关国际论坛、展会以及博鳌亚洲论坛、中国—东盟博览会、中国—亚欧博览会、欧亚经济论坛、中国国际投资贸易洽谈会，以及中国—南亚博览会、中国—阿拉伯博览会、中国西部国际博览会、中国—俄罗斯博览会、前海合作论坛等平台的建设性作用。支持沿线国家地方、民间挖掘“一带一路”历史文化遗产，联合举办专项投资、贸易、文化交流活动，办好丝绸之路（敦煌）国际文化博览会、丝绸之路国际电影节和图书展。倡议建立“一带一路”国际高峰论坛。

截至目前，已有 140 多个国家加入共建“一带一路”倡议，覆盖世界 2/3 的人口，推动了中国和其他国家以合作共赢的方式实现共同发展。

3.3.3 “一带一路”倡议框架思路及战略布局

1.“一带一路”倡议框架思路

（1）“一带一路”是促进共同发展、实现共同繁荣的合作共赢之路，是增进理解信任、加强全方位交流的和平友谊之路。中国政府倡议，秉持和平合作、开放包容、互学互鉴、互利共赢的理念，全方位推进务实合作，打造政治互信、经济融合、文化包容的利益共同体、命运共同体和责任共同体。

(2)“一带一路”贯穿亚欧非大陆，一头是活跃的东亚经济圈，一头是发达的欧洲经济圈，中间广大腹地国家经济发展潜力巨大。丝绸之路经济带重点畅通中国经中亚、俄罗斯至欧洲（波罗的海）；中国经中亚、西亚至波斯湾、地中海；中国至东南亚、南亚、印度洋。21世纪海上丝绸之路重点方向是从中国沿海港口过南海到印度洋，延伸至欧洲；从中国沿海港口过南海到南太平洋。

(3) 根据“一带一路”走向，陆上依托国际大通道，以沿线中心城市为支撑，以重点经贸产业园区为合作平台，共同打造新亚欧大陆桥、中蒙俄、中国—中亚—西亚、中国—中南半岛等国际经济合作走廊；海上以重点港口为节点，共同建设通畅安全高效的运输大通道。中巴、孟中印缅两个经济走廊与推进“一带一路”建设关联紧密，要进一步推动合作，取得更大进展。

(4)“一带一路”建设是沿线各国开放合作的宏大经济愿景，需各国携手努力，朝着互利互惠、共同安全的目标相向而行。努力实现区域基础设施更加完善，安全高效的陆海空通道网络基本形成，互联互通达到新水平；投资贸易便利化水平进一步提升，高标准自由贸易区网络基本形成，经济联系更加紧密，政治互信更加深入；人文交流更加广泛深入，不同文明互鉴共荣，各国人民相知相交、和平友好。

2.“一带一路”倡议战略布局

“一带一路”沿线各国资源禀赋各异，经济互补性较强，彼此合作潜力和空间很大。以政策沟通、设施联通、贸易畅通、资金融通、民心相通为主要内容，重点在以下方面加强合作：

(1) 政策沟通。加强政策沟通是“一带一路”建设的重要保障。加强政府间合作，积极构建多层次政府间宏观政策沟通交流机制，深化利益融合，促进政治互信，达成合作新共识。沿线各国可以就经济发展战略和对策进行充分交流对接，共同制定推进区域合作的规划和措施，协商解决合作中的问题，共同为务实合作及大型项目实施提供政策支持。

(2) 设施联通。基础设施互联互通是“一带一路”建设的优先领域。在尊重相关国家主权和安全关切的基础上，沿线国家宜加强基础设施建设规划、技术标准体系的对接，共同推进国际骨干通道建设，逐步形成连接亚洲各次区域以及亚欧非之间的基础设施网络。强化基础设施绿色低碳化建设和运营管理，在建设中充分考虑气候变化影响。

①抓住交通基础设施的关键通道、关键节点和重点工程，优先打通缺失路段，畅通瓶颈路段，配套完善道路安全防护设施和交通管理设施设备，提升道路通达水平。推进建立统一的全程运输协调机制，促进国际通关、换装、多式联运有机衔接，逐步形成兼容规范的运输规则，实现国际运输便利化。推动口岸基础设施建设，畅通陆水联运通道，推进港口合作建设，增加海上航线和班次，加强海上物流信息化合作。拓展建立民航全面合作的平台和机制，加快提升航空基础设施水平。

②加强能源基础设施互联互通合作，共同维护输油、输气管道等运输通道安全，推进跨境电力与输电通道建设，积极开展区域电网升级改造合作。

③共同推进跨境光缆等通信干线网络建设，提高国际通信互联互通水平，畅通信息丝绸之路。加快推进双边跨境光缆等建设，规划建设洲际海底光缆项目，完善空中（卫星）信息通道，扩大信息交流与合作。

(3) 贸易畅通。投资贸易合作是“一带一路”建设的重点内容。宜着力研究解决投资贸易便利化问题，消除投资和贸易壁垒，构建区域内和各国良好的营商环境，积极同沿线国家和地区共同商建自由贸易区，激发释放合作潜力，做大做好合作“蛋糕”。

①沿线国家宜加强信息互换、监管互认、执法互助的海关合作，以及检验检疫、认证认可、标准计量、统计信息等方面的双多边合作，推动世界贸易组织《贸易便利化协定》生效和实施。改善边境口岸通关设施条件，加快边境口岸“单一窗口”建设，降低通关成本，提升通关能力。加强供应链安全与便利化合作，推进跨境监管程序协调，推动检验检疫证书国际互联网核查，开展“经认证的经营者”（AEO）互认。降低非关税壁垒，共同提高技术性贸易措施透明度，提高贸易自由化便利化水平。

②拓宽贸易领域，优化贸易结构，挖掘贸易新增长点，促进贸易平衡。

创新贸易方式，发展跨境电子商务等新的商业业态。建立健全服务贸易促进体系，巩固和扩大传统贸易，大力发展现代服务贸易。把投资和贸易有机结合起来，以投资带动贸易发展。

③加快投资便利化进程，消除投资壁垒。加强双边投资保护协定、避免双重征税协定磋商，保护投资者的合法权益。

④拓展相互投资领域，开展农林牧渔业、农机及农产品生产加工等领域深度合作，积极推进海水养殖、远洋渔业、水产品加工、海水淡化、海洋生物制药、海洋工程技术、环保产业和海上旅游等领域合作。加大煤炭、油气、金属矿产等传统能源资源勘探开发合作，积极推动水电、核电、风电、太阳能等清洁、可再生能源合作，推进能源资源就地就近加工转化合作，形成能源资源合作上下游一体化产业链。加强能源资源深加工技术、装备与工程服务合作。

⑤推动新兴产业合作，按照优势互补、互利共赢的原则，促进沿线国家加强在新一代信息技术、生物、新能源、新材料等新兴产业领域的深入合作，推动建立创业投资合作机制。

⑥优化产业链分工布局，推动上下游产业链和关联产业协同发展，鼓励建立研发、生产和营销体系，提升区域产业配套能力和综合竞争力。扩大服务业相互开放，推动区域服务业加快发展。探索投资合作新模式，鼓励合作建设境外经贸合作区、跨境经济合作区等各类产业园区，促进产业集群发展。在投资贸易中突出生态文明理念，加强生态环境、生物多样性和应对气候变化合作，共建绿色丝绸之路。

⑦中国欢迎各国企业来华投资。鼓励本国企业参与沿线国家基础设施建设和产业投资。促进企业按属地化原则经营管理，积极帮助当地发展经济、增加就业、改善民生，主动承担社会责任，严格保护生物多样性和生态环境。

（4）资金融通。资金融通是“一带一路”建设的重要支撑。深化金融合作，推进亚洲货币稳定体系、投融资体系和信用体系建设。扩大沿线国家双边本币互换、结算的范围和规模。推动亚洲债券市场的开放和发展。共同推进亚洲基础设施投资银行、金砖国家开发银行筹建，有关各方就建立上海合作组织融资机构开展磋商。加快丝路基金组建运营。深化中国—东盟银行联合体、上合组织银行联合体务实合作，以银团贷款、银行授信等方式开展多边金融合作。支持沿线国家政府和信用等级较高的企业以及金融机构在中国境内发行人民币债券。符合条件的中国境内金融机构和企业可以在境外发行人民币债券和外币债券，鼓励在沿线国家使用所筹资金。

加强金融监管合作，推动签署双边监管合作谅解备忘录，逐步在区域内建立高效监管协调机制。完善风险应对和危机处置制度安排，构建区域性金融风险预警系统，形成应对跨境风险和危机处置的交流合作机制。加强征信管理部门、征信机构和评级机构之间的跨境交流与合作。充分发挥丝路基金以及各国主权基金作用，引导商业性股权投资基金和社会资金共同参与“一带一路”重点项目建设。

（5）民心相通。民心相通是“一带一路”建设的社会根基。传承和弘扬丝绸之路友好合作精神，广泛开展文化交流、学术往来、人才交流合作、媒体合作、青年和妇女交往、志愿者服务等，为深化双多边合作奠定坚实的民意基础。

①扩大相互间留学生规模，开展合作办学，中国每年向沿线国家提供1万个政府奖学金名额。沿线国家间互办文化年、艺术节、电影节、电视周和图书展等活动，合作开展广播影视剧精品创作及翻译，联合申请世界文化遗产，共同开展世界遗产的联合保护工作。深化沿线国家间人才交流合作。

②加强旅游合作，扩大旅游规模，互办旅游推广周、宣传月等活动，联合打造具有丝绸之路特色的国际精品旅游线路和旅游产品，提高沿线各国游客签证便利化水平。推动21世纪海上丝绸之路邮轮旅游合作。积极开展体育交流活动，支持沿线国家申办重大国际体育赛事。

③强化与周边国家在传染病疫情信息沟通、防治技术交流、专业人才培养等方面的合作，提高合作处理突发公共卫生事件的能力。为有关国家提供医疗援助和应急医疗救助，在妇幼健康、残疾人康复以及艾滋病、结核、疟疾等主要传染病领域开展务实合作，扩大在传统医药领域的合作。

④加强科技合作，共建联合实验室（研究中心）、国际技术转移中心、海上合作中心，促进科技人员交流，合作开展重大科技攻关，共同提升科技创新能力。

⑤整合现有资源，积极开拓和推进与沿线国家在青年就业、创业培训、职业技能开发、社会保障管理服务、公共行政管理等共同关心领域的务实合作。

⑥充分发挥政党、议会交往的桥梁作用，加强沿线国家之间立法机构、主要党派和政治组织的友好往来。开展城市交流合作，欢迎沿线国家重要城市之间互结友好城市，以人文交流为重点，突出务实合作，形成更多鲜活的合作范例。欢迎沿线国家智库之间开展联合研究、合作举办论坛等。

⑦加强沿线国家民间组织的交流合作，重点面向基层民众，广泛开展教育医疗、减贫开发、生物多样性和生态环保等各类公益慈善活动，促进沿线贫困地区生产生活条件改善。加强文化传媒的国际交流合作，积极利用网络平台，运用新媒体工具，塑造和谐友好的文化生态和舆论环境。

3.3.4 “一带一路”倡议助力我国交通企业国际化创新发展

2020年9月19日，中共中央、国务院印发的《交通强国建设纲要》(以下简称《纲要》)。《纲要》提出，以丝绸之路经济带六大国际经济合作走廊为主体，推进与周边国家铁路、公路、航道、油气管道等基础设施互联互通。提高海运、民航的全球连接度，建设世界一流的国际航运中心，推进21世纪海上丝绸之路建设。拓展国际航运物流，发展铁路国际班列，推进跨境道路运输便利化，大力发展航空物流枢纽，构建国际寄递物流供应链体系，打造陆海新通道。维护国际海运重要通道安全与畅通。鼓励国内交通企业积极参与“一带一路”沿线交通基础设施建设和国际运输市场合作，打造世界一流交通企业。

六大经济走廊是“一带一路”的战略支柱和区域经济合作网络的重要框架，包括中蒙俄、新亚欧大陆桥、中国—中亚—西亚、中国—中南半岛、中巴和孟中印缅经济走廊。

交通互联互通是“一带一路”建设的基础支撑、重要保障，扮演着“先行官”的关键角色。聚焦“六廊六路多国多港”主要架构，一批标志性项目取得实质性进展。铁路方面，中老铁路全线开通运营，雅万高铁、中泰铁路建造稳步推进。公路方面，中巴经济走廊“两大”公路顺利完工并移交通车，中俄黑河大桥建设竣工。航空方面，国际民航运输航线网络不断拓展，截至2021年末，我国与100个国家签订双边政府间航空运输协定，与其中54个国家保持定期客货运通航，与东盟、欧盟签订区域性航空运输协定。

作为我国与“一带一路”沿线国家互通互惠互联的有效载体，中欧班列连通中欧物流的作用进一步凸显。截至2022年1月底，中欧班列累计开行突破5万列，运送货物超455万标箱，货值达2400亿美元，通达欧洲23个国家180个城市，为推动“一带一路”高质量发展作出了积极贡献。尤其是2016年统一品牌以来，通过陆续实施霍尔果斯、阿拉山口、二连浩特、满洲里等口岸站扩能改造工程，启动郑州、重庆、成都、西安、乌鲁木齐等5个城市枢纽节点的中欧班列集结中心示范工程建设，中欧班列的口岸和通道运输能力得到有效提升。2016年至2021年，中欧班列年开行数量由1702列增长到15183列；运输货物品类扩大到汽车配件及整车、化工、机电、粮食等5万余种；年运输货值由80亿美元提升至749亿美元，在中欧贸易总额中的占比从1.5%提高到8%。

注重发挥交通运输对于推进全球连通、促进共同繁荣的基础性先导性作用，加强与各国在交通互联互通领域互利合作。扎实推进巴基斯坦1号铁路干线升级改造项目（ML1）、中尼（泊尔）跨境铁路合作项目以及中老铁路、中泰铁路、雅万高铁建设。中国企业参与建成蒙内铁路、亚吉铁路、巴基斯坦拉哈尔“橙线”轨道交通项目等铁路。中欧班列累计开行突破3.1万列、通达21个欧洲国家的92个城市。合作建成白沙瓦—卡拉奇高速公路（苏库尔—木尔坦）、喀喇昆仑公路二期（赫韦利扬—塔科特）、昆曼公路、中俄黑河公路大桥、同江铁路大桥等公路、桥梁项目。参与希腊比雷埃夫斯港、斯里兰卡科伦坡港、巴基斯坦瓜达尔港等海外港口的建设和运营。在有关国家积极参与和共同努力下，“六廊六路多国多港”的互联互通架构基本形成。以铁路、公路、航运、航空为重点的全方位、多层次基础设施网络正在加快形成，区域间商品交易、流动成本逐渐降低，促进了跨区域资源要素的有序流动和优化配置。

推进国际运输便利化。积极推进政策、规则、标准“三位一体”联通，为互联互通提供机制保障。以共建“一带一路”为合作平台，与19个国家签署22项国际道路运输便利化协定；分别与比利时、阿联酋、法国签署机动车驾驶证互认换领双边协议；与66个国家和地区签署70个双边和区域海运协定，海运服务覆盖沿线所有沿海国家；与26个国家（地区）签署单边或者双边承认船员证书协议，与新加坡签署电子证书谅解备忘录，便利船舶通关，引领和推进电子证书在全球航运业的应用进程；建立中欧班列国际铁路合作机制，与22个国家签署邮政合作文件，实现中欧班列出口运邮常态化运作；与100个国家签订双边政府间航空运输协定，截至2019年底，中外航空公司在中国通航54个合作国家，每周运行6846个往返航班，与东盟、欧盟签订了区域性航空运输协定。建立中日韩俄四国海上搜救合作机制，与印尼国家搜救局签订部门间海上搜救合作备忘录。国际运输便利化推动了中国与沿线国家合作更加紧密、往来更加便利、利益更加融合。

3.4 本章主要内容

首先，介绍了国内外技术创新方面的研究现状，阐述了技术创新与企业升级、技术创新与国际化、技术创新与交通强国，以及技术创新助力我国交通企业国际化创新发展的相关情况。其次，简单介绍了低碳发展的历史及现状，以及低碳发展助力我国交通企业国际化创新发展的相关情况。最后，阐述了“一带一路”倡议的提出背景、战略意义、基本原则、战略布局等内容，并介绍了“一带一路”倡议助力我国交通企业国际化创新发展的相关情况。

第4章 发达国家企业国际化经验及其启示

4.1 发达国家企业国际化经验

4.1.1 欧美国家企业国际化经验

美国汽车的发展历史几乎就是世界汽车的发展历史。在数百年的发展中，美国创造了福特装配线的生产方法，创立了引以为傲的通用商业组织矩阵模型以及许多世界著名的汽车品牌和经典车型。

进入 21 世纪，美国汽车企业明显衰落。2017 年，占据世界汽车第二宝座长达 70 余年的美国福特汽车被日本丰田汽车公司超越，是美国汽车企业走下坡路的开始；在 2017 年，在全球遭遇金融海啸乃至罕见经济危机的冲击下，美国福特、通用、克莱斯勒“三大汽车公司”濒临绝境，处于破产边缘，这绝对是美国汽车历史发展中的一个重要节点[97]。近两年美国汽车的全球竞争力继续滑落。这种国际竞争能力全面丧失绝不仅仅是企业的经营问题。

由于经济全球化的到来，许多外国汽车企业进入美国，这使得美国的汽车行业遭到了前所未有的冲击，美国汽车企业的市场占有率持续走低，汽车工业作为美国经济的脊梁和美国工业的带头羊，曾经有“汽车开动，美国便前进”之说。但新的外国汽车企业为美国带来新的生产技术和管理经验。美国的经济慢慢繁荣起来，但本质上却发生了巨大的改变，外国汽车企业把美国变成了全球的制造业中心。

这里以欧洲主要的汽车产业大国——德国为例来说明其企业国际化创新发展的经验做法，那就是大力研发电子技术和可替代燃料，且在这方面更胜一筹。

目前，德国汽车的电子技术在整车的比例约为 24%，2018 年提高至 42%。现在随着人民消费水平升高，对车辆上电子产品的需要也逐渐提高，未来为了满足不同顾客的需要，增加汽车的销量，电子技术的比例会越来越高，许多高档汽车配备的电子电器已占汽车价值的一半，GPS 逐渐成为标配，2020 年德国已经有 900 多万辆汽车安装了卫星导航系统[99]。

德国汽车工业为了提高发动机的性能、保护环境、减少废气的排量等，正在进行新一代发动机技术和替代燃料的研究。目前，柴油发动机已经非常成熟加上使用新型微粒过滤器，汽车的销售量一直稳增不减，看到这一良好的发展势头，各个车企加大了对柴油汽车的生产。但德国汽车车企为了未来一起努力，在生物燃料、混合燃料及燃料电池技术及相应发动机技术方面进行研究与开发，实验可以使替代燃料代替石油的研究。

4.1.2 亚洲国家企业国际化经验

1. 日本企业国际化经验

20 世纪六七十年代，日本汽车产业凭借车辆小巧、油耗低等产品差异优势，并且趁美国陷入越南战争无暇顾及汽车等工业产品市场之机，在美国市场占据了较大的市场份额，完成了日本汽车产业第一次国际化的重大飞跃。现在回头看这次跨越，即具有国家意义又具有世界意义，因为它成功地经受了 1973 年爆发的全球性石油危机的考验。从那时起，日本汽车产业在全世界市场逐渐拥有了全球竞争优势地位。日本汽车产业是国际化产业，从发展之初就是这样，这既是由日本市场狭小决定的，也是特殊历史条件决定的。

进入20世纪80年代以后，日本主要企业纷纷掀起在本土以外市场建立生产工厂（含合资公司）的第二次国际化高潮，发展速度令人瞠目结舌。据统计，20世纪70年代，只有丰田在美国建立了一家汽车组装厂、本田在美国建立了一家摩托车生产厂；到80年代末，日本丰田、本田、日产等汽车公司，在全球各地建立了大批当地生产工厂。截至2019年，日本汽车企业在北美拥有790万辆汽车生产能力，在欧洲拥有230万辆汽车生产能力。另外，在中国等亚洲国家（不含日本）有超过700万辆的产能与日本汽车企业的品牌、资本或者技术交易相关联。

以美国市场为绝对的国际化发展重点，曾给日本汽车企业带来巨大好处。首先，美国市场一直是世界最大的市场，尽管多次受石油危机等经济环境变化的冲击，但其需求始终有足够保证；其次，美国各项法规比较健全，美国市场的品牌效应明显，对企业产品质量的推动作用十分显著，日本汽车企业只要在美国市场站稳脚跟，也就意味着在全球汽车工业领域扎下了坚实的基础。

在上述国际化汽车生产格局中，日本汽车企业发展的绝对重心是美国市场。在美国，日本汽车企业建立的17家工厂中，只有3家是合资工厂，其余均为日本汽车企业独资建立。1985年，日本汽车企业在美国生产汽车29.7万辆，占日本汽车企业本土以外产量的比例为33.3%；1995年，日本海外汽车产量达到556万辆，其中在美国的产量所占比例上升到39.8%；这样的比例一直延续到21世纪初。直到中国汽车市场崛起后，这种高度集中局面才开始转变。2003年，日本在美国的汽车产量占全球海外市场汽车产量的比例20多年来首次降低到1/3以下，为32.8%[100]。2017年，这一比例仍高达28.1%。

受金融危机的影响，日本汽车企业也遭受了前所未有的冲击。这说明，一个产业，尤其是外向型产业，越依赖市场环境，就要越能接受得起这个市场变动给企业带来的冲击和重创。任何市场都不是完全稳定的，企业在国际化的进程中要承担和接受国际化风险。经过金融危机的洗礼，日本汽车企业吸取教训，及时进行调整，建立了在规模经济平台上尽可能做大规模的发展路径，这曾经是日本汽车产业结构优化升级的重要成果，但也削弱了企业发展本身的专业化优势和快速的市场反应能力，让其患上了“大企业”病。

日本的车企像丰田、日产、本田等汽车公司，它们大都选择了大规模集团化的发展模式。近几十年里，采取这种发展模式的车企都发生了“质”的变化，从低端乘用车到高端商务豪华轿车，每个车企都在良性、快速的发展，它们享受着大规模经济带来的好处，另外这种形式给民众一种品牌能力强、品牌影响力大的印象。事实也正是如此，从产量规模上看，它们在20世纪90年代后期就已跻身世界超大汽车公司行列，整个日本汽车产业结构已被超大型集团所主导。

但从21世纪初开始，日本一些企业接二连三地陷入经营困境，先是三菱汽车，接着是日产汽车，最近甚至扩散到了丰田这样在业界看来最优秀的企业。也正是从那时候开始，全球超大型汽车公司如通用、福特、克莱斯勒甚至大众等，也陆续出现罕见的连续亏损甚至巨亏现象，直到最新发生的美国“三大汽车”中的“两大”进入破产保护程序事件，以及欧洲汽车企业被汽车零部件企业收购、超大型集团被小型公司控股、日本丰田出现了70多年来首次亏损等一连串重大事件。将这些现象和事件串起来，我们或许有必要对过去一直占上风的尽量做大的发展道路进行否定性思考，也许需要把应对缓慢增长甚至饱和市场竞争的注意力更多地投向专业化发展思路上来。

规模大，在增长的市场环境下能够获得规模经济效益，但长期增长的市场环境也给大企业造成了这样的错觉：超大型企业是依靠自己的规模实力赢得竞争的，并默认为这个实力可以长期依赖，从而长期忽视专业化发展战略。在大的危机面前或在饱和市场、滞涨阶段，导致企业发展前功尽弃，难以自拔，并且极易导致因超大规模带来的掉头难、反应迟钝，也容易导致因超大规模累积起来的风险的加速释放和快速放大，从而丧失自救的先机。

更多的人强调，必须及时对日本制造业“大企业病”进行反思。《日本经济新闻》2010年2月发表文章称，日本企业近几年危机感淡薄，忘掉了泡沫经济破灭期间的不安和痛苦。大企业过于自信，为了争夺更大份额的市场而不顾自身的能力水平和极限，冒险将企业的资源集中在高风险领域，一旦经济形势恶化则会给企业带来直接重大损害。世界其他著名媒体也都纷纷指出，日本企业要恢复活力，必须要克服“大企业病”。反观此次金融危机中许多坚持专业化、特色化发展的企业，甚至是一些定位十分狭窄的小型汽车公司，它们受到金融危机的冲击要小得多，抗击重大风险的能力甚至也比大而全的公司要强得多。

这带给我们的深思是，在“大”和“小”、“全”和“专”的全球竞争博弈中，该如何选择和决策？建立在丰田生产方式平台上的精益制造能力，对这种低成本方式的盲目崇拜，已成为日本汽车工业创新的负担。20世纪80年代以来，令全球工业界着迷的“日本丰田精益生产方式”，给日本汽车工业奇迹蒙上了一层带有工业文明气息的神秘色彩，也为丰田等日本汽车企业带来较为持久的盈利能力。

丰田汽车公司前社长张富士夫曾经说：“丰田生产方式是一场意识革命。”麻省理工学院给出的定义是：“确切地说，丰田生产方式就是精益生产方式，是一种不做无用功的精干型生产系统。”[103]丰田生产方式创造出的低成本优势是公认的。按照美国著名经济学家迈克尔·波特的说法，企业只要有能力长期维持低成本，其低成本战略就能够形成重要的差别优势，通过低成本抵消拥有差异化对手的优势以赢得市场竞争。

当将这种生产方式放在全球汽车市场背景下观察的时候，可以发现，丰田生产方式产生和发挥作用的产业背景与持续增长的大市场是紧密关联的。深入研究世界汽车工业发展的历史不难发现，尽管跨国公司也都遭遇过各种各样的大萧条、大危机，但都能够挺过去，其根本原因在于企业面对的市场环境总体是增长的。产生于高增长市场环境中的日本汽车工业生产模式，在国际经济环境急剧变化、国内市场已无增长空间、美国和西欧等成熟市场趋近饱和的新形势下，迷信精益生产方式造就的成本优势，已经不能赢得由那些拥有差异性优势的对手带来的竞争。可以说，丰田生产方式的成功是以大量销售、稳定增长的市场环境为基本前提的。在这样的前提下，精益生产创造的低成本优势，以及由此转变而来的产品竞争优势，构成了日本汽车工业优势的核心基础。一旦这样的前提或基础不复存在，那么丰田生产方式的效果将大打折扣。

2. 韩国企业国际化经验

韩国汽车大规模生产及试验性出口阶段是在1977—1981年。从1982年至今，韩国汽车企业属于巩固出口基础及推进国际化阶段。汽车产业的大规模生产体制基本形成，以现代汽车为首的各生产厂家也把战略重点由国内转向国际市场。在这一阶段，汽车产业大规模进入国际市场，2004 年出口数量就已达 200 多万辆，汽车成为韩国出口主导产业。

在汽车工业发展的初期主要是技术的引进阶段，在这一阶段主要通过 SKD 组装方式生产，后来随着与丰田公司合作，开始了 CKD 独立生产。在 20 世纪 70 年代，韩国车企主要从国外引进汽车生产技术，然后改进技术。国家要求每个车企生产出一款适应国民的车型。到 1976 年，韩国各企业开始大力培育高科技人才，为自主创新做好准备。比较成熟的是现代汽车。其在 1974 年开始引进日本三菱的发动机总成、变速箱和后桥生产技术，同时请意大利设计公司设计造型和车身，这为现代汽车打下了坚实的基础。从 20 世纪 80 年代开始，韩国汽车进入自主开发阶段，车企投入巨大的资金，并与国外的车企积极配合，不惜任何代价，现代、大宇、起亚三大汽车公司先后自主开发出多种车型，包括车身、底盘、发动机等各系统及各类零部件，这表明韩国的汽车工业已进入自主开发阶段。在韩国汽车企业实现自主创新期间，企业之所以有强大的信心来搞研发、抓创新，在一个相对封闭的环境下，不断进行技术革新，学习外国先进的管理经验，一心走国产化的路线，最后形成规模经济，形成独立自主的产业体系，这一切与政府政策的支持和保障是分不开的[101-102]，并以此为基础，创造了较好的国际化创新发展条件。

韩国车企在发展的过程中，政府下发了多种保障制度来促使本国企业的发展，降低汽车的生产成本，积极建设研究机构，培育研发人员，加大对车企的投资。从 1962 年到 1990 年，政府颁布了多项保障汽车发展的法规政策。另外，设置非关税壁垒，保护本国车企的发展，鼓励企业大量出口，走向国际化，从而取得了较好的成绩。

4.2 发达国家企业国际化经验总结及其启示

4.2.1 发达国家企业国际化所取得的成果

随着经济全球化的发展及技术进步的加快，特别是近年来企业全球化进程的深入，发达国家汽车产业在竞争发展中取得了很多成果，具体表现在以下几个方面：

1. 汽车市场逐渐由发达国家转向发展中国家

由于汽车市场最早在一些发达国家兴起，近些年发达国家的汽车市场基本已经趋于饱和。而在一些发展中国家，例如，中国、马来西亚、泰国、匈牙利、巴西等国家，这些国家人口数量多，加上近些年经济发展水平持续提升，对汽车的需求量也在持续走高，所以新的汽车市场正在逐步形成，全球汽车市场的重心也在向新的市场偏移。

2. 企业形成集团化兼并格局

21 世纪初，世界汽车产业经过一系列全球范围的企业改组、兼并、联合，逐步形成了较为稳定的“六加三”格局（通用、戴克、福特、丰田、大众、雷诺—日产、本田、宝马和 PSA）。目前许多车企面临困难，这迫使它们不得不做出改变。困境中孕育着机会。在改变过程中，可能原有的汽车世界大格局会被一点点瓦解，直至破碎。经过国际国内市场的作用，会形成新的汽车工业格局[104]，而这种新版图、新格局格外引人关注。

3. 资源配置全球化

随着汽车市场新格局逐步形成，市场也在向发展中国家转移，企业纷纷在这些国家投资建厂，建立自己的子公司或者合伙公司。因为有了这些公司的存在，全球的产业链配置更加方便，各个国家或地区的关税壁垒也在逐渐瓦解，资源得到了充分的发挥，为产品的开发和后期投入市场占得了先机，从而企业的实力也得到了进一步的增强。

4. 系统集成和模块化生产成为零部件企业技术进步的竞争趋势

零部件企业的发展非常快，并可以根据用户实时的偏好和需求进行调整。企业通过网络采购，从而转变生产方式，使其更符合消费者需求，从而达到更好的销售效果，降低了库存压力，减少了产品积压，拥有了现金流，所以系统集成和模块化生产将是未来的主流[105]。与之对应的是零部件传统企业减少，跨国企业增多，最大可能地实现了零部件共享、系统集成和模块化生产。

5. 核心技术加快变革

当代汽车产业核心技术变革主要体现在汽车燃料和自动驾驶方面。过去汽车一直使用石油燃料，汽车排放出来的尾气给环境带来了巨大的破坏，再加上能源的枯竭，所以找到一种新的绿色无污染能源来代替它已经是大势所趋。当前，汽车行业对新能源的研究已经有了初步的成效，汽车功能的集成化控制已经实现，智能交通系统开始建设[106]。

发达国家汽车产业在竞争发展中所取得的这些成果，奠定了企业国际化背景下新的发展基础，为新竞争格局、新技术方向、新市场开拓的确立创造了较好的条件。

4.2.2 发达国家交通企业国际化经验总结

可以看出，随着经济全球化进程的不断加速，汽车产业也出现了很多不同于以往的发展趋势。从这些汽车强国的国际化发展历程可以得出以下值得借鉴的经验：

1. 完善独立完整的技术体系

无论美国、德国、日本这些传统的汽车强国，还是后起之秀韩国，他们都有独立技术品牌。如美国的福特、通用，日本的丰田，德国的大众，韩国的大宇等，而且随着人们对汽车电子产品和环境保护的意愿增强，汽车企业需要在这两个方面加大投资的力度，大力发展相关的技术，并且有实力的汽车制造产业国家应该起到领头羊的作用[107]。

可以说，汽车生产技术对一个国家汽车行业的发展起着至关重要的作用，可以促使本国企业在国际化中站稳脚跟。

2. 主动融入世界汽车市场

从汽车强国发展历程看，他们无不是在资本逐利性的驱使下去寻找一些市场需求量大的新市场，并积极采取一些措施去融入这个新市场。现在经济发展迅速的一些发展中国家正成为他们的新的目标市场，汽车的销售量在发展中国家一直居高不下。

3. 坚持发展自主开发模式

一国汽车的发展模式按照技术和资金的自有程度可以划分为共同经营型、自主开发型和外资主导型三种发展模式[108]。一般传统的汽车强国都是自主开发型，像美国在发展初期，经济不景气，国际间交流协作少，导致市场的开放程度很低，但随着汽车行业的发展，美国开始慢慢在加拿大及欧洲等地区投资，走上了自主开发型的发展道路。日本、德国、英国、法国以及意大利、韩国等国家的汽车工业也都是自主开发的模式[109]。当前跨国公司的兼并重组是技术的相互借鉴与融合，也是企业间资金与技术的优化利用，是新形势下自主开发型发展模式的创新。

显然，各个发达国家汽车产业的成熟经验各不相同，但基本的情况却大致相同，而从企业角度来看，更多的是从较好的政治和经济环境获得益处，并结合自身情况快速实现发展，从而在国际化创新发展中占得优势。

4.2.3 发达国家企业国际化发展对我国的启示

发达国家企业国际化发展历程能给正在快速发展的我国交通企业带来较多的发展启示。当前，我国汽车企业实力还较弱，来自国外车企的竞争压力仍较大。因此，我国汽车企业要想在国际市场占有一席之地，就必须实现以下几个方面的转变：由国内配置资源为主向全球范围内配置资源转变[111]；由国内市场为主向国际市场转变；由汽车零部件开发生产弱国向全球汽车零部件生产中心转变；由面向一个国内市场向面向国际、国内两个市场转变；从重视生产环节获得利润向通过价值链获得利润转变。

在这个过程中，首先，要认识到自主开发能力的重要作用。对于汽车制造企业而言，最重要的是企业的自主开发能力，因为生产技术不是一朝一夕就可以得到质的提高，而是需要长期的实践探索。不能只做加工组装的工厂，一旦我国的市场接近饱和，产品的利润会降低，成本会增多，我们就会在国际市场上处于一个被动的局面，另外，政府也应相应出台一些政策，来保证我国交通企业把自主创新作为第一要务。

其次，我国政府要重视汽车零部件工业的发展。汽车零部件是构成汽车的基础，零部件产业发展到一定规模的时候，许多国外的公司才会加大零部件的采购成本，我国才有可能成为汽车制造产业大国。

汽车零部件产业在我国发展是比较缓慢的，急需加强对汽车零部件产业的政策支持。提高汽车零部件的质量，开放市场促进产业化的进一步转型升级，把我国的一些企业建设成为一些跨国汽车企业的重要加工基地，形成系列化、系统化的公司。

另外，我国交通企业在新的市场竞争环境中应当重新考虑在全球范围内如何配置和利用资源，确定自己的发展战略、生产经营战略。

这里需要指出的是，在国际化进程中，韩国汽车公司与中国汽车公司有很多相似性，韩国汽车公司在亚洲金融危机之后快速崛起的案例表明，中国汽车品牌进入欧美等发达市场仍有一条路径可以实施。韩国现代汽车于20世纪60年代起步，1993年前后走上海外国际市场扩张之路，韩国汽车公司在进入美国、欧洲等市场的时候同我国今日的自主品牌汽车公司一样，由于质量以及品牌和日本、美国、欧洲汽车公司产品存在差距，不得不以低价作为主要竞争手段。

韩国汽车一开始给人的感觉确实是比较低档、廉价，但金融危机爆发后，导致通用破产、丰田大幅亏损，人们买车的预期降低，此时韩国汽车是一个很好的选择，这重新造就了韩国汽车的全球地位，依靠廉价与质量可靠两大优势，现代起亚成为金融危机时期仍然保持高增长的汽车公司。2018年，现代起亚共售出汽车863万辆，同比增长10.7%。丰田汽车同期销量下滑10.9%，本田汽车全球销量下滑6%，大众汽车略微实现2%的增长，在金融危机中破产的通用汽车销量则下滑了12.6%[112]。

最后，政府对汽车工业要有适当的限制进入和保护政策。近年我国汽车市场环境变化剧烈，产销发展快速，使我国汽车产业面临兼并整合重组等压力，成本上涨，利润不断下降，使得企业不得不做出改变来积极回应多变的市场环境，只有这样企业才能在变化中生存与发展。目前，对我国交通业来说，适应市场环境的改变，提高产品的质量，改善服务水平，增强品牌效力，在竞争中谋求发展之路。在这个过程中，显然需要政府的保护政策。

发达国家企业国际化发展经验及启示总结如表 4-1 所示。

表 4-1　　发达国家企业国际化发展经验及启示

经验	对我国的启示
（1）完善独立完整的技术体系；	（1）认识到自主开发能力的重要作用；
（2）主动融入世界汽车市场；	（2）高度重视汽车零部件工业的发展；
（3）坚持发展自主开发型模式；	（3）重新考虑在全球范围内如何配置和利用资源；
（4）政府引导建立社会支撑体系。	（4）政府仍要有适度的保护政策。

从表 4-1 可以看出，这些经验及其启示相对较为宏观，我国交通企业与发达国家企业具有不同的发展和成长之路，又面临着不同的国内外环境，因此，我国交通企业的国际化创新发展之路并不能完全照搬照抄国外的做法，必须走出一条适合自身情况的发展之路。

4.3　本章主要内容

本章主要对发达国家企业国际化发展历程进行分析和总结，并结合我国交通企业实际提炼出了一些可供借鉴的成功经验及启示，进而为我国交通企业国际化创新发展提供指导。

第5章 我国交通企业国际化创新发展分析

5.1 国际化经营战略概述

经济国际化是指国家的经济发展迅速，已经超越国界，为了经济的持续发展和别的国家经济相互联系，不断深入的过程。经济全球化的内涵非常丰富，主要内容有贸易、资本、生产国家化以及与它们相对应的一些政策、标准的国际化等，这些其实都属于资源配置的国家化。经济国际化最早出现在第一次产业革命期间，它不是静态的，而是动态发展的。

经济国际化就是实现国内经济和国外经济之间的相互联系，使国内经济逐步与国际经济相接轨。积极主动地打开国外市场，在其允许的范围内，开放的程度与经济国际化成正比关系，开放越高，经济国际化速度越快。对于大国而言，一个时期内一个国家的实力主要看这个国家的工业发展水平，尤其是在工业化中期到进入工业后期社会之前，这主要是因为发达的工业水平能加快产业结构的改造，不断地改进生产技术，提高生产效率。从企业发展的历程看，其成功的背后明显地带有国际化创新发展的背影，可以说，没有成功的国际化创新发展，就不会有企业的发展壮大。

经营学和国际商务管理中的关键概念是国际化，包括企业的跨境商务活动以及国际范围内商品，服务和物品的流通和转化。共有三种方式：出口、契约式合作和对外直接投资[218]。在公司的国际运营过程中，这些管理方法的选择不仅反映了公司在国际管理中积累的市场知识，还反映了各种国际运营方法的成本和收益以及公司的特殊运营优势[228]。因此，不同的公司在其国际业务中具有不同的特征，这取决于它们所处的行业、竞争环境、成长阶段甚至企业家的特征[208]。

5.1.1 企业国际化经营的必要性

目前，在整个大市场环境下，已进入到“国内市场逐渐国际化，国际市场逐渐国内化”态势，传统的生产形式已经适应不了时代的发展，必将被淘汰。企业要想在市场上长期的发展下去，走国际化的道路是必经之路。企业应当积极面对来自国际化的挑战，不畏艰难，成为别的国家的跨国公司。在当今这个弱肉强食的时代背景下，企业如果不能成为“狼”，那必将被这个社会所淘汰。企业全球化道路虽困难重重，但这是大势所趋，适者生存。

目前，中国许多行业的市场马上就要饱和，如何扩大市场成为当代企业需要考虑的问题之一。市场价格低，发展机会少，企业难以扩大自己的规模，许多企业的发展遇到了瓶颈，所以企业进行国际化是经济发展和企业自身发展的必然要求。有了新的市场，会激发企业的活力，加强其研发创新的能力和市场管理的水平，从而会为企业带来更多的发展机会。目前，我国交通业国际化时代已经到来，需要注意的是，我国企业要树立良好的企业形象，同时要严格遵守国际市场的基本原则和规则，促进企业良性发展。

5.1.2 我国企业国际化发展的问题

随着我国企业改革的不断深入，企业在国际化道路上会遇到许多的问题。

1. 管理问题

企业在进行国际化经营时，必须遵守国际市场的基本准则，因为这些准则是市场发展的结果。但是我国许多企业保留之前传统的管理与经营模式，与现在的一些制度相矛盾，企业如果不能顺应现代市场制度，则会给企业的发展蒙上一层阴影。

2. 技术问题

我国交通业主要是以劳动密集型产业为主，产品的科技含量较低，之前一直依靠较低的价格打市场，扩大市场。企业能否在国际市场上大展拳脚，产品的质量非常重要，而产品的技术含量又可以为企业带来丰厚的利润，如果一直依靠低价格占据市场，会给企业发展带来阻碍。

3. 人才问题

人才一直是社会热议的话题，一个社会没有了人才，就不能进步。企业也是一样，当前企业竞争激烈，人才是决定一个企业发展好坏的关键因素。但是许多企业没有优秀的人才，且缺乏对人才的培养和管理，使得企业停滞不前，发展缓慢。在各方面都需要人才的情况下，拥有大量的人才，企业才能更好的发展。

5.1.3 企业国际化发展思考

(1) 从投资位置上看，我国企业对外投资在亚洲地区已经有了明显的优势，下一步的发展方向是继续保持在发展中国家投资，并加大对拉美和非洲地区的投资，使得对外投资的范围更全面、更广阔。改革开放以来，我国企业把发展中国家和周边地区作为投资的重点，缺乏对发达国家的投资，我们可以借助之前投资的经验扩大对发达国家的投资。毕竟发达国家的一些科技水平、管理能力以及丰富的投资经验，都是我们可以借鉴和学习的。

(2) 品牌是一个产品的标签，是一个企业的形象所在。企业要加强品牌建设，树立良好的企业形象，提高产品质量，增强企业产品在同行业中的核心竞争力。我国交通业在发展中如何建立自己的品牌，打响自己的品牌，提高企业品牌的知名度，改变全球消费者对“中国制造”低质低价的印象，是我国交通业急需解决和面对的问题。

5.1.4 确立企业市场竞争战略

“知己知彼，百战不殆”，在当前严峻的市场环境下，这句话充分展现了了解竞争对手的重要性。所谓的竞争对手就是与本企业提供相似的产品，并与本企业争夺目标客户群的企业，所以企业应该充分了解自己的顾客群体，明确企业的目标，才有可能不被竞争者吞噬掉。因此，在面对竞争者的时候，应该及时调整企业的策略和方向。一般从产业和市场两个方面来辨识竞争者。从产业的角度来解释，与本企业提供相似和可替代的产品的企业就是企业的竞争者，如钢铁、计算机产业等。从市场角度来看，与本企业争夺同一市场或者可以满足某一市场的需求，也可以判定为是企业的竞争者。企业要想在竞争中占得先机，就必须充分研究竞争对手，包括竞争对手的目标、营销策略以及采取的各种营销方式。每个竞争者在目标组合方面会趋向于不同的方面，有的倾向于获利能力、市场占有率、技术等。这也间接地改变了企业的经营模式，如日本企业追求市场占有率最大化，而美国企业则追求短期利益最大化。

5.1.5 企业集团竞争战略选择

选择一个优秀的竞争战略是企业在激烈的市场竞争环境中占据市场，获取利益的关键因素。现代市场营销理论根据企业在市场上的竞争地位，把企业分为四种类型：市场领先者、市场挑战者、市场跟随者和市场补缺者。一般来说，企业集团，尤其是大集团在市场上往往占据领先者或挑战者地位。

我国企业在国内市场可能处于一个领先的位置，但是在国际市场或全球大市场上与外国的许多企业相比较，还有很大的发展空间，有可能仍是市场的追随者。这就说明一个企业的竞争地位并不是固定的，与企业所在的市场大环境息息相关。因此，企业应该明确自己的竞争实力，不要盲目自大地去挑战市场领先者，也不能一味地追求模仿，这都不是企业长期发展的好策略。就目前而言，企业要打造好自己的基本功，注重在管理、技术、服务等方面的改进和提高，增强企业的硬实力和软实力。一旦达到一定的条件，可立即向市场领先者发起挑战，打响企业在国际市场的知名度。

5.1.6 组建企业集团的国际市场战略

在当今市场经济环境下，一个国家的经济是否能够快速发展与提高，与这个国家的大型企业集团有一定的关系。一些发达国家之所以经济发展比较迅速，就是因为有部分产业在世界各国的竞争中处于领先位置，甚至可以垄断整个行业。我国在科技、经济竞争中要想进一步增强竞争力，必须依靠这些企业集团。我国企业在实施国际化战略的时候，应通过对外直接投资，并在其他国家设立分支部门或一些控股的子公司，在当地形成生产、销售、服务、研发等综合一体的跨国集团，这对国际化发展是非常有利的。一旦形成这种跨国集团，对企业的产品出口，扩大产品的市场占有率，提高市场份额，缓和国内外矛盾都是有帮助的。更有利的是，企业可以通过合作学习到发达国家的技术创新经验、管理经验，进而促进企业国际化的进一步发展。

5.1.7 重视转移价格策略

转移价格又称为划拨价格、内部价格或会议价格，它主要是在企业集团内母公司与子公司、子公司与子公司之间进行内部贸易使用的一种价格，它也是集团交易内部化的集中体现。我国企业在国际化进程中，转移价格策略是一个非常重要的话题，是实现全球化的关键方法。企业的竞争是把整个国际大市场作为竞争的场地，利用国际化资源不仅仅在某一国家或地区进行竞争，而是在各国统筹调用人力、物力、财力，集中力量促进企业国际化发展，而转移价格为其提供了新的便利，使企业集团开始发生新的改变。

5.2 我国交通企业的发展历程

交通运输是国民经济中基础性、先导性、战略性产业和重要的服务性行业，是可持续发展的重要支撑。

中华人民共和国成立以来特别是改革开放以来，中国的交通运输秉持与经济社会协调发展、与自然生态和谐共生的理念，以建设人民满意交通为目标，自立自强，艰苦奋斗，取得了举世瞩目的发展成就，从根本上改变了基础薄弱、整体落后的面貌，为经济社会发展提供了有力保障，走出了一条中国特色交通发展之路。

中华人民共和国成立之初，交通运输面貌十分落后。全国铁路总里程仅2.18万公里，有一半处于瘫痪状态。能通车的公路仅8.08万公里，民用汽车5.1万辆。内河航道处于自然状态。民航航线只有12条。邮政服务网点较少。主要运输工具还是畜力车和木帆船等。

中华人民共和国成立后，中国政府明确提出首先要创造一些基本条件恢复交通运输。经过3年的国民经济恢复期，修复了被破坏的交通运输设施设备，恢复了水陆空运输。1953年起，开始有计划地进行交通运输建设。在第一个、第二个五年计划和国民经济调整期间（1953—1965年），国家投资向交通运输倾斜，改造和新建了一批铁路、公路、港口码头、民用机场，提高了西部和边远地区的交通运输基础设施覆盖程度，疏浚了主要航道，新开辟了国际、国内水路和空中航线，扩大了邮政网络，增加了运输装备数量。“文化大革命”期间（1966—1976年），交通运输发展一度受到严重干扰，但设施和装备规模、运输线路仍在增加，特别是针对沿海主要港口压船、压港、压货日趋严重的局面，加快了港口基础设施建设。在此期间，管道运输也得到了发展。

1978年，改革开放揭开了中国经济社会发展的新篇章，交通运输步入了快速发展阶段。中国政府把交通运输放在优先发展的位置，加大政策扶持力度，在放开交通运输市场、建立社会化融资机制方面进行开创性探索，积极扭转交通运输不适应经济社会发展的被动局面。铁路实行经济承包责任制；出台了提高养路费征收标准、开征车辆购置附加费以及“贷款修路、收费还贷”等扶持公路发展的三项政策；公路、水运工程建设项目开始实行招投标制度；港口率先对外开放，海运业最早实现“走出去”；民航走上了企业化发展道路，航空运输市场开始形成；实施邮政管理体制改革，成立中国速递服务公司，恢复办理邮政储蓄业务；加大交通运输建设投资力度，吸引社会资本参与基础设施建设。1988 年沪嘉高速公路通车，实现中国大陆高速公路零的突破。

1992 年，中国确立了建立社会主义市场经济体制的改革目标。交通运输不断加大改革开放力度，各种运输方式发展取得突破性进展。开展铁路建设大会战，1997 年起铁路进行了连续六次大提速。公路和水运实施公路主骨架、水运主通道、港站主枢纽和支持保障系统的“三主一支持”规划，制定了加快建设步伐的目标任务。民航机场建设费和基础设施建设基金、铁路建设基金、内河航运建设基金先后设立。为应对东南亚金融危机，中国实施积极的财政政策，公路建设投资进入“快车道”，高速公路建设大规模兴起。实施西部大开发战略，全面加强西部地区铁路、公路、机场、天然气管道干线建设。提出“修好农村路，服务城镇化，让农民兄弟走上油路和水泥路”发展目标，掀起农村公路建设新高潮。深化港口管理体制改革，加快港口建设。实行邮电分营和邮政政企分开，邮政向信息流、资金流和物流“三流合一”的现代邮政业方向发展。《中长期铁路网规划》《国家高速公路网规划》等一系列规划陆续出台。大力提升交通运输基本公共服务水平，全面加强城乡客运、城市公共交通、交通运输安全应急救助等领域建设。2008 年组建交通运输部，交通运输大部门体制改革迈出实质性步伐。同年，京津城际铁路通车运营，中国开启了“高铁时代”。

党的十八大以来，交通运输进入了加快现代综合交通运输体系建设的新阶段。2013 年，铁路实现政企分开，交通运输大部门体制改革基本落实到位。交通运输全面深化改革，建设法治政府部门，加快综合交通、智慧交通、绿色交通、平安交通“四个交通”建设，围绕“一带一路”建设、京津冀协同发展、长江经济带建设三大国家战略制定发展规划。加快综合交通运输基础设施成网，推进多种运输方式有效衔接。促进现代物流业发展，提升综合运输服务保障水平。加强交通运输基本公共服务供给和管理，支持集中连片特困地区交通运输基础设施、城乡客运、城市公共交通发展。推进东、中、西、东北"四大板块"区域交通协调发展，西部地区高铁加快发展，中西部地区交通条件显著改善。2013 年，西藏墨脱公路建成通车，中国真正实现县县通公路。

70 多年来，中国交通运输总体上经历了从"瓶颈制约"到"初步缓解"，再到"基本适应"经济社会发展需求的奋斗历程，与世界一流水平的差距快速缩小，部分领域已经实现超越。党的十九届五中全会提出"加快建设交通强国"，中国的交通运输迎来更加宝贵的"黄金时期"。进入新时代，中国交通驶入高质量发展的快车道，基础设施建设日新月异，运输服务能力、品质和效率大幅提升，科技支撑更加有力，人民出行更加便捷，货物运输更加高效，中国正在从交通大国向交通强国迈进。

下面简单阐述一下汽车产业的发展历程：

第一个发展阶段：从 1953 年至 1978 年改革开放以前。这一发展阶段为我国现代汽车制造工业的形成和发展打下了基础。

第二个发展阶段：1978 年至 20 世纪末。这段发展时期主要是中国的企业从传统的计划经济管理体制开始转变为市场经济管理体制，新能源汽车也有了一定程度的发展，形成了独立的新能源汽车行业，从卡车发展到小轿车。期间，商用和货运汽车也发展起来，中国汽车企业也有了自主研究和开发的能力，进一步推动了中国现代汽车制造工业的繁荣和发展，汽车制造工艺体系也进一步健全和完善。汽车企业正在逐渐地摆脱计划经济制度下的所有行政约束。

第三个发展阶段：21 世纪至今。汽车企业市场规模不断扩大，生产变得标准化、系统化，全面融入世界汽车工业体系。

中国现今拥有一汽集团公司、东风汽车公司和上海汽车集团公司等三家国字号大型汽车集团公司，以及长安汽车公司、北京汽车控股公司、广州汽车工业集团、奇瑞汽车公司、吉利汽车公司、华晨汽车公司、江铃汽车公司、长城汽车集团公司等，它们在小型乘用车、商务型乘用车领域已经占有了国内汽车市场一半以上的份额。

5.3 我国交通企业国际化创新发展的现状及问题

5.3.1 我国交通企业国际化创新发展的现状

中国大力推进与国际间的互联互通，在扩大开放的同时，不断深化与世界合作，构建了全方位、多层次、多渠道的交通运输对外开放和国际合作新格局。

1. 国际客货运输

（1）加强国际互联互通。截至2015年底，中国与周边14个国家中的5个国家有铁路联通，有11个铁路口岸，开行多条通往欧洲和亚洲国家的中欧、中亚铁路集装箱班列，常年开通的边境公路口岸基本通二级及以上公路，一批具有国际物流功能的物流园区和货运场站建成运营。积极推动航运国际和区域合作，中老缅泰共同推进澜沧江—湄公河国际航运开发。民航利用代码共享、航空联盟、航线联营、股权合作等方式，优化国际航线网络，不断提升航班频次和通达性。2015年国际及港澳台快递业务量达4.3亿件，快递企业服务网络拓展至海外市场。加强与“一带一路”沿线国家合作，积极推动交通基础设施互联互通和运输便利化。2015年，通过各种交通运输方式出境旅游的人次达1.2亿。

（2）支撑对外贸易。中国是世界贸易大国，交通运输加快发展为中国加快构建全方位开放新格局、提升国家竞争力提供了重要保障。海上运输承担了90%以上的外贸货物运输量以及98%的进口铁矿石、91%的进口原油、92%的进口煤炭和99%的进口粮食运输量，成为加快发展外向型经济的重要支撑。中欧班列快速发展，已成为国际货物联运的重要组成部分。

2. 国际交流合作与对外开放

（1）积极参与国际事务。中国政府历来重视并积极参与交通运输国际组织事务，认真履行各项国际义务，在铁路合作组织、国际海事组织、国际民用航空组织和万国邮政联盟等重要交通运输国际组织中发挥着建设性作用。作为铁路合作组织创始国之一，中国在各项标准和规范制订中具有重要影响力；自1972年恢复在万国邮政联盟合法席位以来，一直连任邮政经营理事会理事国，并一直当选行政理事会理事国；自1989年起，已连续14次当选国际海事组织A类理事国；自2004年起，已连续5次担任国际民航组织一类理事国；推进多双边合作和区域合作，与100多个国家签订了铁路、公路、海运、民用航空和邮政政府间协定及双边、区域合作文件；建立了中国—东盟交通部长会议、上海合作组织交通部长会议等多个交通运输合作机制，倡议成立亚太经济合作组织港口服务组织。积极履行国际义务，支持其他发展中国家交通发展，为亚洲、非洲多个国家援建了一批交通工程。

（2）不断扩大对外开放。交通运输业是中国最早对外开放的行业之一。1979年，原交通部驻港企业招商局在深圳创办蛇口工业区，在全国改革开放的棋盘上先行一步。1984年国家设立14个沿海开放城市，沿海港口成为对外开放的“窗口”。目前在交通运输基础设施领域，除了铁路干线和民用机场的建设经营要求中方控股外，所有公路桥梁、港口码头、其他铁路和城市轨道对外资不设限。在运输服务领域，公路货运、国际集装箱多式联运、国际海运辅助服务完全放开。

（3）加快“走出去”步伐。中国铁路、交通工程建设和港口运营领域等向全世界展示了雄厚的产业竞争实力。中国的国际海运量占全世界海运量的三分之一。中国交通运输企业不断加快“走出去”步伐，正在从传统劳务输出和工程承包向资本输出、技术输出、管理输出、标准输出转变，业务涉及交通运输基础设施建设、港口经营、远洋运输、交通运输装备、船舶检验、航海教育等众多领域。

以汽车工业为例，我国汽车工业的进一步发展必须是国际化，特别是自主品牌汽车的国际化。实际上，中国的汽车工业已经进入了国际化进程。

从资本和市场角度来说，中国企业已先后与国际主要汽车和零部件生产厂商共同建立近900家合资公司。

从技术和市场角度看，中国加入世贸组织以后为我国汽车行业提供了许多技术创新的渠道。在数千种先进进口技术基础上，通过受客户委托设计、联合制造、协同研究开发和产品集成创新，先进技术已经深入中国的汽车技术领域。同时，通过建立海外科技企业，我国交通业的自动化汽车制造技术已经逐步走向世界。

从汽车产品市场的角度分析来看，许多著名的汽车零部件公司已经在中国建立了自己的采购基地，在目前全球前100名汽车零件供应商中，超过70%的企业已经开始在中国各地开展业务，并且采购量逐年递增。近年来，汽车的进出口量逐年增加。2004年，中国对外企业的进出口贸易总额高达81.56亿美元。这其中包括汽车整车（其中主要包括汽车整机）共向世界各国出口40.06万辆，总值7.79亿美元。我国外资企业在新兴国际产品市场领域和新兴服务产品市场已经逐步开始和新兴国际企业市场融合发展，并逐步发展形成“你中有我，我中有你”的企业发展战略格局[117]。

目前，汽车产业的国际化推动了汽车产业的发展，我国自主汽车品牌要想在国际竞争中不落下风，就要努力提升技术，加强与世界汽车强国企业的交流和学习。汽车产业的国际化不是一朝一夕就能完成的，汽车产业的国际化要依靠自主品牌的建立和不断发展。

近年来，汽车企业不断通过对外合资、协商以及并购、上市等各种形式增强和提高了整个行业的综合水平与企业竞争能力，从而实现了资本的国际化与投资主体的多元化。自主品牌汽车集团奇瑞、吉利、长城、宇通、金龙等公司纷纷在海外建厂。在汽车服务贸易这一领域，尤其是在汽车金融领域，一批由独资和中外联盟共同合资成立的公司也已经正式启动运营。

近年来，这种合作促进了国内企业在技术、人才、资本方面的积累。奇瑞、吉利等公司已经由完全的模仿发展走向了自主研究与创新之路，实现了历史性的飞跃。近年来，一汽、上汽、东风三大汽车制造企业正在逐渐加大对自身品牌建设工程的支持力度。企业的自主创新已由单项科技与创新性产品演变成集成创新与加强创造性创新。

5.3.2 我国交通企业国际化创新发展机遇大于挑战

世界汽车工业协会（OICA）最新数据显示，2021 年，全球汽车总产量约为 8015 万辆，比上年增长 3%，其中乘用车与商用车的产量比例约为7:3。中国是全球最大的汽车生产国，产量占世界总产量的 32.5%；随后是美国 11.4%、日本 9.8%、印度 5.5% 和韩国 4.3%。如图 5－1 所示。

图 5－1　全球汽车生产规模预测

资料来源：世界汽车工业协会（OICA）。

从产业集中度来看，老牌四个国家（美国、日本、德国、韩国）的产量占全球汽车产量的比例逐年下降，金砖四国（中国、巴西、印度、俄罗斯）产量占比逐年增加，世界汽车生产重心正在逐渐向金砖四国等低成本的发展中国家和地区转移。这预示着在经济全球化环境中，我国交通业国际化发展的前景广阔。

2021 年，我国汽车出口达到了 201.5 万辆，相比 10 年前翻了一番，实现了跨越式发展。2021 年以来，我国汽车出口快速增长，创历史同期新高，新能源汽车出口贡献率达到了46.6%，中国自主品牌汽车通过技术和管理换市场，开拓出中国车企国际化和全球化发展的新路径[21]。

2021 年，我国汽车出口的主要区域仍以亚洲、非洲、南美等发展中市场为主（如图 5－2 所示），预计“十四五”初，我国汽车将突破认证等限制，开始进入欧美主流汽车市场。

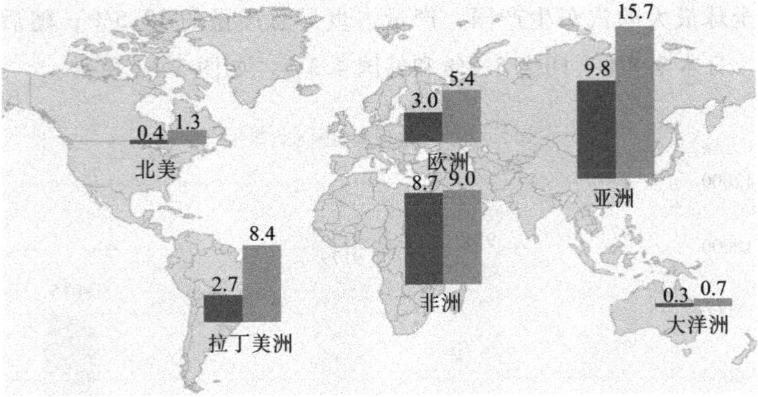

图 5－2　2021 年 1—10 月我国汽车出口区域分布

资料来源：海关数据，单位：万辆。

虽然当前汇率波动、贸易摩擦、技术升级等新的不确定性因素在增多，严重阻碍了我国汽车产品的出口。但很显然，随着全球经济的逐步复苏，势必将拉动汽车消费的平稳增长，以我国为代表的发展中国家汽车市场将得到快速发展[37]。

中国是发展中国家，我国交通企业国际化与发达国家企业（尤其是跨国汽车公司）的全球化战略在竞争优势、国外市场进入方式和所有权方面存在很大差异。这种特殊性决定了我国交通企业的国际化很难借鉴西方发达国家企业国际化的成功经验，也很难应用现有的企业国际化理论[18]。

我国交通企业在开拓国际市场时，除了需要明确战略目标，如何优化和降低服务于国际市场的成本，如何获得先进技术和国际管理经验等微观层面的必要性外，还有其宏观层面的必然性。实施国际化战略有助于更好地利用国外经济资源，实现国民经济的可持续发展[19]。

随着中国于 2001 年加入世界贸易组织，其成员国给予了中国最惠国待遇，这将减少企业进入国际市场的困难和障碍。尽管世界某些地区目前存在动荡，但从长远来看，世界永恒的主题是和平与发展，我国交通企业国际化面临的市场环境较为优良，但大多数企业的市场竞争力不强，生命力相对薄弱，根据调查，小型企业的生命周期通常只有3—5年[39]。

目前一部分企业遇到了从未遇到过的困难，包括土地限制、能源和原材料价格提高以及劳动力成本提高，出口退税政策，环境成本的内部化，企业同质化带来的恶性竞争，次级抵押贷款危机，信贷紧缩等。

从国际角度看，金融危机的影响使企业产品难以出口。最新的研究表明，如果美国进口下降10%，中国出口将下降3.5%，如果人民币实际汇率升值10%，中国出口将下降7%，如果汇率升值20%，中国出口将下降10.5%，全球经济放缓将导致中国的外部需求大幅下降，出口将面临重大挑战，这无疑将对中国公司的出口构成挑战。

5.3.3 我国交通企业国际化创新发展面临的问题

我国企业的国际化战略主要是通过新建项目，目前较少有并购行为，企业资本运作模式不成熟，程度不高。新建项目需要大量的投资，建设时间长，相对的收益回收慢，经营风险大；还有就是企业品牌刚刚新建没有知名度，很难开展业务，随时有破产的可能。

战略联盟模式增加了合资双方的灵活性。对于我国交通企业而言，该模式能够学习对方先进的经验，但是企业治理过于依赖外国企业，且这种依赖程度越来越明显。外国企业通常使用并购方法拓展海外业务，但由于相关政策，中国企业很少使用并购，即使可以提高公司在海外市场的份额。而且对我国交通业而言，并购的成本往往是巨大的，批准程序是大多数公司无法企及的[128]。

由于中国汽车消费市场的快速形成和全球化发展，许多国外的品牌汽车制造商和车企都在中国建立了地区性的总部，2002年，沃尔沃决定把亚洲地区的总部设在中国。

自1980年以来，越来越多的外国企业或者公司开始投资于我国交通业。

2002年以后，中国大型汽车制造企业也开始向其他外资企业进行投融资。到目前为止，中国已经在全球范围内形成了许多跨国公司与中国三大汽车公司进行战略合作的局面[115]。

日本提出“两田”计划：丰田和本田的发展目标之一就是能够服务于中国10%的市场，马自达进入中国市场相对较晚，宣布中国市场将成为“新千年计划的重要组成部分[116]”。大众汽车和通用汽车将中国市场视为最重要的市场和利润来源之一，并努力维持现有优势。显然，中国市场已成为国外知名汽车厂商国际竞争的重要领域，中国国内企业的国际竞争也将会越来越激烈。

我国交通企业在国际竞争方面存在几个比较明显的问题，且不少问题具有长期性。

1. 技术创新能力弱，核心技术依靠引进

我国交通企业主要零部件技术还特别不成熟，要依靠外国企业的技术。在我国交通企业国际化进程中，虽然能通过和其他外国企业进行合资来获取技术，但实际上最核心的技术仍然掌握在外国企业手中。在中国市场上销售的全球自主品牌有25%，但构成自主研究和开发的只有5%，这就可能会直接导致一些企业的国际产品和市场营销整合能力较弱，使得企业品牌的国际知名度明显下降。

2. 对外方依赖性强，控制权流失

与跨国企业合资的中小型企业，在实际操作的过程中逐渐丧失了主导权，这是由于跨国企业往往具备充足的资金和关键技术。中方企业对外方企业的依赖性强，控制权和股票都代表着一定的经营管理权，尽管我国企业在某种意义上已经掌握了50%的控制权，但还需要依赖外方的帮助[124]。我国交通业没有控制权就很难真正地发展本国的汽车产业，在市场上也就缺乏竞争性。

3. 近几年汽车产业快速发展带来了一定的隐患

这几年我国汽车产业的快速发展掩盖了许多企业存在的问题，从而埋下了一定的发展隐患，这些问题解决不好将会削弱企业的国际化发展[125]，其主要表现在以下几个方面：

一是“政策救市”的负面作用不可“轻视”。为了响应中国汽车市场的发展，政府刺激需求的政策从长远来看不会影响市场的发展，但会使短期需求提前或延迟。从辩证法的角度来看，尽管“政策救市”是大国在全球金融危机期间所采取的普遍做法，但它在促进有关国家的经济复苏方面发挥了重要（甚至至关重要）的作用。但“政策救市”的负面作用也不可小觑，它必将影响汽车产业未来发展的速度和进程。

二是该行业存在大量的产能过剩风险。从2018年第三季度起，国家有关主管部门一直在强调企业要更加注意如何防止生产中的产能和资源过剩问题。2018年，工业生产能力综合利用率（大约80%）是相对合理的。未来几年，我国的产能和资源利用率会有所下降，该行业平均产能利用率可能会远远低于70%。研究中国问题的外国消息人士指出，随着汽车制造商争相扩大产能，迟早中国汽车行业将遭受钢铁和家用电器等产能过剩问题的困扰[126]。结合各个方面，我们可以得出：提出产能过剩风险问题不是一个错误的假设，而是具有一定的远见。而且同时相对应的问题是，2006年我国汽车零部件出口份额占有率仅为1.42%，低于德国、日本、美国、法国、韩国、意大利等发达国家。贸易竞争指数是用来表示单个国家之间的进出口贸易差额所占全部进出口贸易总量的比率，是对行业结构中各个国家之间竞争能力进行分析的较佳工具。2006年以前我国汽车竞争指数基本都小于零，说明我国在汽车产业方面是净进口国，产业在国际化发展中不占据优势。

5.3.4 我国交通企业国际化创新发展面临问题的原因分析

下面以我国汽车产业为例，对其所面临的国际化创新发展问题进行分析：

1. 我国汽车产业起步晚，正处于发展阶段

我国汽车产业从1953年建立一汽开始算，也不过60多年的时间。然而西方某些发达国家的汽车产业已经发展了一百年的时间，在这一百年的时间里，不断地进行改进、加工，到目前已是比较成熟的产业了，即使走过的弯路也成为他们发展路上的丰富的经验。拿美国来说，汽车产业的设计、加工和服务已经很成熟，汽车市场经过百年的历练也变得很完善。所以中国的汽

车产业想在几十年里赶超发达国家是不切实际的，必须一步一个脚印，多去学习发达国家车企的经验和技术，不断加快企业的发展速度。

2. 政府对企业的长期过度保护

一方面是政府对整个汽车产业的保护，我国许多汽车制造企业是在政府强有力的保护下成长起来的，所以缺乏效率。在面对竞争的时候，常常显得无力，没有自己独特的竞争优势，企业缺乏竞争变革和创新，导致我国虽然有许多汽车企业，但是规模都不大，生产集中度不高。另一方面，政府提高关税水平来保护我国的企业，这一行业的高利润使得全国各地区都在开展汽车项目，关税直到2006年才恢复正常水平，这一期间我国汽车企业组织结构变得更加混乱。

3. 我国汽车企业在很大程度上实行了一条从外资和科技中引入的方式——走外资和科技之路

我国汽车企业中合资企业比较多，这种模式可以给销售和制造方面带来便利，但是核心技术一直掌握在跨国企业手中，我们的企业即使占据很多的股份，但是并没有生产核心技术的能力。它们只是把东道国当作一个零件装配车间和一个大市场。跨国公司在防止技术泄露方面采取了很多措施，我们的企业不能对进口的汽车进行再次加工，这就使企业无法进行自主品牌的改造升级，研发能力弱，周而复始，不能形成一个好的发展势头，导致企业只会扩大生产规模，但生产能力却一直是一个缺陷，这样的企业在市场上是没有核心竞争力的。

除此之外，企业对研发没有充分的认识，资金供给不足、人员配置不够，应用性研究薄弱，基础性研究也几乎是空白。在研发经费的投入和销售收入的支出上，它们与营业总收入的占比基本保持在2%左右。

5.4 我国交通企业国际化创新发展潜力分析

虽然我国交通企业国际化发展存在许多不足，但从我国的实际情况看，我国交通企业国际化发展仍具有巨大的发展潜力。

5.4.1 我国交通企业国际化创新发展潜力十足

以汽车产业为例，目前我国汽车产业国际化创新发展潜力十足，这是由我国汽车产业在国际汽车工业体系中的地位所决定的。

第一，我国汽车产业在跨境公司的世界分工管理体系中主要处于加工和组装制造的各个环节，虽然属于比较低的层次，但与单纯专门作为加工和组装的发达国家相比仍然处于更高层次[132]。

第二，当前，虽然我国汽车产业在产业水平、规模等方面在国际市场上不占任何优势，但是我国企业积极对外进行合作，与跨国公司保持密切的联系，通过技术创新我国汽车产业必将有强大的国际竞争力。

第三，我国汽车产业有非常大的市场空间和廉价的劳动力，再加上较强的制造业配套能力，我国汽车产业在规模、技术水平、竞争力等方面都具有迅速提高的条件与可能[128]。

正是由于以上几个原因，可以说，我国汽车产业国际化创新发展潜力仍然比较巨大[136]。

5.4.2 我国交通企业已成为世界经济体系中的重要组成部分

当前，我国交通企业已成为世界经济体系中的重要组成部分，具体表现在：

(1) 跨国企业开始注重在我国的本土化生产体系、技术创新体系的建设。目前，上海汽车公司和通用汽车公司及德国大众汽车公司、东风汽车公司和日产汽车集团、广州汽车工业集团公司和日本本田汽车株式会社都在中国设立了技术创新研发中心。法国标致雪铁龙集团将在上海建立现代化的先进技术创新研发中心[131]。2010年，通用汽车中国前瞻技术科研中心在上海浦东新区已经开始大规模建设，通用汽车中国前瞻技术科研中心是在中国设立比较早的涉外汽车技术创新研发中心。显然，我国汽车产业的集聚能力快速提高，围绕汽车产业的各个体系逐步建立，产业链建设也快速形成[130]。

（2）外资进入中国加快了我国交通企业的国际化进程。跨国公司进入我国的方式、流程和经验给中资企业树立了很好的榜样，开拓了本土企业国际化的视野，加快了其国际化创新发展的进程。

5.5 基于AHP分析法的我国交通企业国际化创新发展评价

在参与国际化过程中，必然需要考察一个企业的国际化创新发展情况，从而能够评价该企业与其他企业的差距，找出企业国际化创新发展中存在的实际问题。本节通过AHP分析法评价国际化创新发展，从而为我国交通企业的国际化创新发展提供合理的评价方法。

5.5.1 企业国际化创新发展AHP分析法构建

根据企业国际化创新发展的定义、企业生产特点以及对国际汽车市场发展趋势的分析，并参考部分业内专家的意见和建议，我们将构成企业国际化创新发展的要素划分为六个部分，分别是：市场竞争力、生产竞争力、人才竞争力、科技及创新竞争力、资本及财务竞争力和管理竞争力。

其中，市场竞争力用来反映企业适应国际市场、不断扩大其市场份额的能力；生产竞争力用来反映企业在生产效率、技术装备等方面所具有的优势；人才竞争力用来反映企业所拥有的人力资源在技能、经验、知识化水平等方面具有的相对优势；科技及创新竞争力用来反映企业在技术开发、应用及生产方式创新等方面具备的相对优势；资本及财务竞争力用来反映企业在资本储备、融资、资金运用以及运用资本盈利等方面的竞争优势；管理竞争力用来反映企业在项目及企业管理、资源整合、风险规避等方面体现出的相对优势。

对应上述六大要素，我们筛选出21个分项指标用以反映企业国际化创新发展的表现，如图5-3所示。

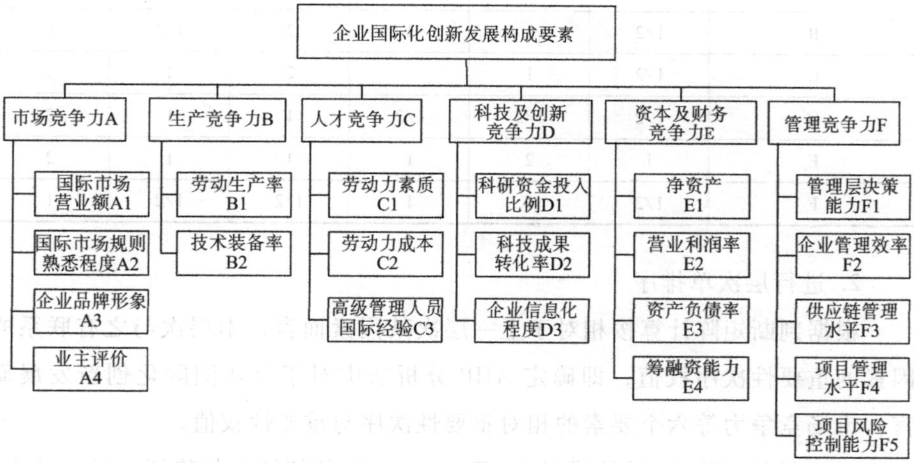

图5-3　企业国际化创新发展构成要素

在构成企业国际化创新发展的要素及分项评价指标中，既有定性指标，也有定量指标，为了便于对这些指标进行比较，这里构建一个AHP分析法。包括三个层次，第一层次为企业国际化创新发展，第二层次为上述提到的六个要素，第三层次为各个要素所对应的分项指标。

5.5.2　模型计算与指标分析

根据已经构建好的AHP分析法，采用调查问卷的方式，征询业内专家的意见，以确定各因素的相对重要性次序，将取得的相对重要性次序数据输入AHP分析法中进行计算，该分析法计算具体步骤如下：

1. 构造判断矩阵

采用1—9标度法确定同级各指标之间的相对重要性及对应的权重分值，构造出同级各因素的判断矩阵。以第二层次为例，市场竞争力（A）、生产竞争力（B）、人才竞争力（C）、科技及创新竞争力（D）、资本及财务竞争力（E）、管理竞争力（F）这六个要素所构成的判断矩阵如表5-1所示。

表 5-1　　第二层级判断矩阵（I）

竞争力构成要素	A	B	C	D	E	F
A	1	2	2	2	1	2
B	1/2	1	1	2	1/2	1
C	1/2	1	1	2	1	1
D	1/2	1/2	1/2	1	1	2
E	1	2	1	1	1	2
F	1/2	1	1	1/2	1/2	1

2. 进行层次单排序

根据判断矩阵计算按相对于上一层次某因素而言，本层次与之有联系的因素的重要性次序权值，即确定 AHP 分析法中对于企业国际化创新发展而言，市场竞争力等六个要素的相对重要性次序与重要性权值。

对于判断矩阵 I，计算满足 $I \cdot W = \lambda_{max} \cdot W$ 的特征根与特征向量，其中，λ_{max}为判断矩阵 I 的最大特征根；W 为对应于 λ_{max} 的正规化特征向量；W 的分量 W_i是相应因素单排序的权值。

计算出 λ_{max}后，还要检验判断矩阵是否具有满意的一致性，定义一致性指标 $CI = (\lambda_{max} - n) / (n-1)$，并将 CI 与评价随机一致性指标 RI 进行比较，判别条件为 $CR = CI/RI < 0.1$。RI 取值如表 5-2 所示。

表 5-2　　随机一致性指标 RI 值

n	1	2	3	4	5	6	7	8	9	10	11
RI	0	0	0.52	0.88	1.13	1.24	1.36	1.44	1.48	1.50	1.53

以第二层次判断矩阵（I）为例，经过计算，I 的最大特征根 $\lambda_{Imax} = 6.28$。

$$W = (W_1, W_2, W_3, W_4, W_5, W_6) = (0.25, 0.14, 0.16, 0.13, 0.20, 0.11) \quad (5-1)$$

$$CI_I = (\lambda_{max} - n)/(n-1) = (6.28-6)/(6-1) = 0.055 \quad (5-2)$$

$$CR_I = CI_I/RI_I = 0.055/1.25 = 0.044 < 0.1 \quad (5-3)$$

因此，判断矩阵 I 的一致性是可以接受的。

3. 层次总排序

根据同一层次中所有层次单排序的结果，计算出针对上一层次而言，本层次所有要素重要性的权重，从上至下逐层计算权重，所得层次单排序即为总排序，表 5－3 所示为层次总排序结果。

表 5－3　　　　层次总排序结果

	A (0.25)	B (0.14)	C (0.16)	D (0.13)	E (0.20)	F (0.11)	层次总排序 W_I
A1	0.33						0.084
A2	0.33						0.084
A3	0.17						0.042
A4	0.17						0.042
B1		0.67					0.095
B2		0.33					0.047
C1			0.33				0.053
C2			0.29				0.046
C3			0.38				0.061
D1				0.27			0.034
D2				0.33			0.042
D3				0.40			0.051
E1					0.16		0.033
E2					0.37		0.075
E3					0.10		0.020
E4					0.36		0.073
F1						0.14	0.016
F2						0.14	0.016
F3						0.25	0.028
F4						0.29	0.033
F5						0.16	0.019

4. 进行一致性检验

和层次单排序类似，确定层次总排序的一致性指标 CI_k，层次总排序平均一致性指标 RI_k，层次总排序随机一致性比例 CR_k。即：

$$CI_k = (CI_k^1, \cdots, CI_k^m)\, a^{k-1} \tag{5-4}$$

$$RI_k = (RI_k^1, \cdots, RI_k^m)\, a^{k-1} \tag{5-5}$$

$$CR_k = CR_{k-1} + CI_k / RI_k \tag{5-6}$$

其中，a^{k-1}为第 $k-1$ 层元素相对于总目标的组合排序权重向量，$a^{k-1} = (a_1^{k-1}, a_2^{k-1}, \cdots, a_m^{k-1})^T$；$CI_k^i$和 RI_k^i分别为在 $k-1$ 层第 i 个准则下判断矩阵的一致性指标和平均随机一致性指标。当 $CR_k < 0.1$ 时，则认为层次总排序的计算结果具有满意的一致性。经计算，$CR_k = 0.043 < 0.1$，层次总排序的计算结果具有满意的一致性。

从表 5 -3 的层次总排序结果可以看出，在反映企业国际化创新发展的 21 项指标中，最能够代表企业国际化创新发展水平的指标是劳动生产率（权重为 0.095）。

5.5.3 我国交通企业国际化创新发展评价示例

我们选取上海汽车、江淮汽车、福田汽车、长安汽车和中国重汽 5 家上市公司作为研究对象，应用上面的 AHP 分析法对这几家企业的国际化创新发展进行评价。

1. 市场竞争力评价

市场竞争力评价结果如表 5 -4 所示。

表 5 -4　　市场竞争力评价结果　　单位：万元

指标 \ 企业	上海汽车	江淮汽车	福田汽车	长安汽车	中国重汽
A1 国际市场营业额 0.084	(6364) 16	(92222) 60	(223621) 95	(32784) 36	(2750) 10
A2 国际市场规则熟悉度 0.084	60	55	75	50	50
A3 企业品牌形象 0.042	60	55	60	50	65
A4 客户评价 0.042	75	60	65	55	65
A 市场竞争力总评	12.1	14.5	19.5	11.6	10.5

注：括号内数据为 2018 年原始数据，括号外的数据均已进行了处理。

2. 生产竞争力评价

生产竞争力评价结果如表 5－5 所示。

表 5－5　　生产竞争力评价结果

指标 \ 企业	上海汽车	江淮汽车	福田汽车	长安汽车	中国重汽
B1 劳动生产率 0.095	60	71	75	68	68
B2 技术装备率 0.047	69	58	59	57	65
B 生产竞争力总评	8.9	9.5	9.9	9.1	9.5

3. 人才竞争力评价

人才竞争力评价结果如表 5－6 所示。

表 5－6　　人才竞争力评价结果

指标 \ 企业	上海汽车	江淮汽车	福田汽车	长安汽车	中国重汽
C1 劳动力素质 0.053	60	61	75	69	59
C2 劳动力成本 0.046	56	69	70	75	65
C3 高级管理人员国际经验 0.061	75	68	65	65	66
C 人才竞争力总评	10.3	10.6	11.2	11.1	10.1

4. 科技及创新竞争力评价

科技及创新竞争力评价结果如表 5－7 所示。

表 5－7　　科技及创新竞争力评价结果

指标 \ 企业	上海汽车	江淮汽车	福田汽车	长安汽车	中国重汽
D1 科研资金投入比例 0.034	60	55	75	59	55
D2 科技成果转化率 0.042	60	67	59	65	65
D3 企业信息化程度 0.051	75	60	65	67	65
D 科技及创新竞争力总评	8.4	7.7	8.3	8.2	7.9

5. 资本及财务竞争力评价

资本及财务竞争力评价结果如表5－8所示。

表5－8　　资本及财务竞争力评价结果

指标 \ 企业	上海汽车	江淮汽车	福田汽车	长安汽车	中国重汽
E1 净资产 0.033	(4246245) 82	(432311) 27	(407439) 26	(880012) 38	(285571) 21
E2 营业利润率 0.075	(6.04%) 91	(1.89%) 28	(2.72%) 41	(4.34%) 65	(3.38%) 51
E3 资产负债率 0.020	(68%) 68	(65%) 70	(77%) 46	(64%) 72	(82%) 36
E4 筹融资能力 0.073	71	62	56	64	51
E 资本及财务竞争力总评	16.1	8.9	8.9	12.2	9.0

注：括号内数据为2018年原始数据，括号外的数据均已进行了处理。

6. 管理竞争力评价

管理竞争力评价结果如表5－9所示。

表5－9　　科技及创新竞争力评价结果

指标 \ 企业	上海汽车	江淮汽车	福田汽车	长安汽车	中国重汽
F1 管理层决策能力 0.016	68	58	69	58	57
F2 企业管理效率 0.016	64	53	60	56	65
F3 供应链管理水平 0.028	75	67	65	55	68
F4 项目管理水平 0.033	75	60	67	55	65
F5 风险控制能力 0.019	76	65	66	69	71
F 管理竞争力总评	8.1	6.9	7.3	6.5	7.4

7. 国际化创新发展评价结论

通过以上计算，可以得到这5家企业的国际化创新发展评价总分，如表5－10所示。

表5-10 国际化创新发展评价总分

	上海汽车	江淮汽车	福田汽车	长安汽车	中国重汽
国际化创新发展评价总分	63.9	58.1	65.1	58.7	54.4

根据上述评价分析，结合各企业的实际情况，可得到以下结论：

（1）上海汽车的资本及财务竞争力在5家企业中具有绝对优势，说明上海汽车在实施国际化创新发展的过程中容易得到充足的资源支持，竞争潜力十足。然而，上海汽车2018年的国际化营业额仅有6364.3万元，与2017年相比下降九成以上。这一方面是受全球金融危机的影响，另一方面也反映出上海汽车在国际化创新发展实施中的风险控制能力有待加强。

（2）江淮汽车进入国际市场的时间较早，布局较快，因此取得了不错的国际化营业额，在国际市场上的竞争力相对较强。然而，江淮汽车在科技及创新竞争力、资本及财务竞争力、管理竞争力等方面均没有明显优势，表明其核心能力仍有待提高，尤其是科技及创新竞争力较弱，亟须加强研发能力。

（3）福田汽车在国际市场上具有相对较强的竞争力，其2018年的海外销售额占到总销售额的5%，说明福田汽车的国际化战略相对比较成功。从各项竞争力可以看出，福田汽车主要产品中重卡和轻卡占据全国商用车销量第一位置，竞争力较强。此外，福田汽车的科技及创新竞争力也相对比较强，这与其同戴姆勒、康明斯等跨国公司携手合作有很大关系。

（4）长安汽车的资本及财务竞争力较强，其产销量连续多年位居全国前4位，但是其国际化战略实施进展较为缓慢。该公司亟待提高的是管理竞争力。

（5）中国重汽在国际市场范围内，其重卡在销售规模上已经进入世界重卡行业的前列，然而，中国重汽的国际化战略进行得并不顺利，2017年和2018年产品出口销量连年大幅下滑，出口销售占总销售量的比重从2017年的9%下降到2018年的0.15%，说明中国重汽亟须加强国际化过程中的风险控制能力。一个有利的方面是，随着位于章丘的发动机厂投产并逐步达产，困扰中国重汽多年的发动机瓶颈问题有望得到解决。

从总体上来看，我国交通业国际化创新发展并不是很强，远低于国外知名品牌企业80分以上的评价值，这种竞争力不强的情况具有一定的客观性，但也有一定的主观原因。

5.6 本章主要内容

本章分析了我国交通企业国际化创新发展的现状及问题，探讨了我国交通企业国际化创新发展不足的原因，分析了我国交通企业国际化创新发展潜力，并构建我国企业国际化创新发展AHP分析法，并通过算例法对上海汽车、江淮汽车、福田汽车、长安汽车和中国重汽5家企业的国际化创新发展潜力进行了评价。

本章结论为我国交通企业必须提升国际化战略运营能力，坚持发展自主开发以及完善独立完整的技术创新体系，主动融入国际市场，必须加强科研资金的投入，不断研发新的产品，形成一个完整的体系。

第6章 我国交通企业国际化创新发展的环境分析

上一章分析了我国交通企业国际化创新发展不足的现状，这为我们找出一条适合我国企业国际化发展道路提供了分析基础。但在研究发展策略之前，有必要分析当前我国交通企业国际化创新发展的各种环境，从而才能够做到知彼知己，制定有针对性的实现路径。

6.1 我国交通企业国际化创新发展的环境分析

在未来几年，我国交通企业产品出口面临着机遇与挑战，市场大环境趋紧，应在务实和直面挑战中寻找机会。

6.1.1 经济环境

欧洲债务危机再次动摇世界经济，使得国际资产加速流动，货币政策各行其是，初级产品价格上涨，贸易摩擦不断升级。全球经济复苏面临巨大挑战。自2010年以来，全球经济稳定复苏，在政治刺激和市场机制的作用下，经济复苏的前景一片向好，但全球经济中不确定的因素将影响经济复苏的进程。全球经济总体上实现了缓慢的复苏，增长率在2%—3.6%。像其他一些经济指标，例如，美国和英国的房地产市场以及主要的股票市场也逐渐得到改善。全球经济复苏需要一个过程。

金融危机之后我国交通企业实施国际化战略面对的经济环境是机遇与挑战一同存在，主要是：

一是流动性过剩。货币政策不能回收并继续扩大，在这种态势下，货币流动性将继续扩大，中国经济承受了资产泡沫和汇率上升的压力。西方国家经济基础并不牢固，自经济危机爆发以来，英国、美国和其他欧洲国家的债务增加了21%—32%，中国作为第二大经济体，同样也面临着很大挑战。企业不改变发展模式就会遇到无法抗拒的阻力，发展也将受到一定的制约。

二是贸易环境没有得到改善。随着全球经济增长速度的进一步放缓，各个国家都把目光转向了全球市场，无论是发达国家还是发展中国家。我国作为第一大出口国，许多国家与我国的贸易摩擦不断，这也成为贸易保护主义最重要的部分。这些因素带来的结果是我国交通业的国际化战略会受到多数发达国家的阻击[134]。根据中国商务部发布的数据，2010年，欧盟对中国出口产品发起了11项贸易救济调查，超过了2008年的案件数量，相应金额约为48.2亿美元，是2009年的1.6倍[138]。相信在技术创新和经济全球化背景下，还会有针对中国的贸易保护浪潮。

显然，当前我国交通企业国际化创新发展的经济环境存在不确定性，必须要做好长期准备，以应对经济形势的变化。

6.1.2 国家政策环境

我国交通企业实施国际化战略的国家政策环境非常宽松。

因为中外汽车产业之间的结构互补性没有改变，我国交通业产能过剩的状况没有改变，中国承接国际产业转移的优势地位依然非常牢固，汽车产业实力增强的趋势没有改变，中国公司发展自己品牌的热情也没有改变，面对当前经济形势不佳的状况，我国交通业产品出口动力和比较优势仍然存在。我国政府已经在改进这一领域的工作，我国交通企业产品出口的前景仍然广阔。

我国政府将全面推进汽车及零部件出口基地建设，促进企业建立和完善其国际营销和售后服务体系，确保稳定发展。加强诚信体系，提高出口产品质量，进一步规范汽车出口秩序，有效应对国际贸易壁垒等[135]。2019 年，商务部会同发改委、工信部、财政部、海关总署、质检总局、国家认监委等六部委发布了《关于促进企业产品出口持续健康发展的意见》，阐明了企业产品出口的中长期战略目标，并提出了促进企业产品出口的持续健康发展政策措施。该意见明确指出，我国交通业的产品出口应向以下五个方面较变：产品结构、市场结构、贸易结构、企业结构和售后服务结构。2021 年实现出口企业产品额占世界市场的 10%。根据《汽车产业调整和振兴规划》的要求，加快公共服务平台建设，例如，出口信息、产品认证、通用技术创新研发、产品测试和各类人员培训。鼓励企业加强对关键设备和零部件技术的引进，通过合作、合资、并购等方式增强企业的创新能力。

我国政府一直在努力完善公共服务体系建设。当前还需要积极帮助出口企业建立一些与国际商品互认的标准公共服务平台。因为，在企业国际化发展过程中，产品出口的认证标准繁多，且价格昂贵，这个问题严重制约了我国出口企业的长期发展。现在商务部正积极努力促使国内和国外的认证机构通过各种方式来实现互认服务。并且商务部要求我国出口的产品认证要形成一套完整的、服务优良的检测体系。

另外，政府一直在加强出口秩序方面管理。2018 年初，商务部、发改委、海关总署、质检总局联合出台了《中华人民共和国关于汽车产品出口秩序的办法》[136]，这个办法自落地以来，效果不错，提高了出口效益，汽车出口量增价跌的情况得到了有效抑制。

6.1.3 技术和市场环境

目前，我国交通企业实施国际化战略的技术环境更多的是一种技术瓶颈，具体来说有以下几点：

1. 开发能力弱、技术获得难

以汽车产业为例，汽车产业虽然有一定的自主开发能力，但是在关键技术和产品开发方面没有自己的知识产权，只能开发一些比较中低端的汽车零部件，即使有一定的开发能力，但与发达国家的先进技术相比还差得很远[137]。

2. 知识产权的制约与控制

随着日本等发达国家日益把知识产权作为制约我国交通业发展一个利器，我国汽车企业已经深刻地感受到知识产权的重要性，没有知识产权会严重地限制企业的发展。韩国的现代、大宇等公司在不和欧美的公司合作后，就是因为知识产权的原因，一直难以打开发达国家的市场。显然，知识产权制约着我国交通业向自主开发方向的转变。

3. 技术标准的影响

由于我国从多个国家引进了他们的先进生产技术，这使得我国的技术环境复杂，没有一个严格的技术标准，严重影响了企业的资源配置，进一步影响我国汽车零部件产业的发展[138]。

由于我国庞大的市场容量及其国际化发展的激烈程度，致使我国国内市场的竞争也日趋激烈。我国部分汽车生产厂家为了提高销量，不断地降价，这使得消费者不知道何时购买最合适，害怕还会降价，消费者心理期待无限后延，大部分都处于一个观望的态度[139-140]。

6.1.4 产品环境

我国汽车企业实施国际化创新发展，在产品方面除了需要在技术领域加大投入力度外，还面临着产品零部件以及资源整合瓶颈的影响。

（1）汽车零部件瓶颈。汽车零部件产业基础薄弱，发展缓慢，严重影响了我国成为世界汽车制造中心，这对国外企业在我国的投资等行为也有一定的影响，影响我国交通业在国际生产链条的位置。

（2）产品附属资源整合瓶颈。在逐渐开放的市场中，跨国公司可以使用我国的咨询服务、金融机构等服务，不断提高自己的市场竞争力。

（3）生产成本提高和销售收入下降并存。因原材成本上涨，整车的制造价格也在提高，这就压缩了利润空间[141]，使厂家的盈利不断减少，暴利的时代已经过去，厂家要想保持利润空间就必须开拓新的利润增长点。

（4）汽车价格大范围、大幅度下降。越便宜的车型降幅越大，2018 年下半年，有 20 多个品牌的汽车，约有 80 款车型参与了降价，主要集中在中低端车型。降价车型的数量占到了总车型的一半以上，而国产车的总体降价幅度超过 2.6%。在接受调查的 119 个中低端车型中，66% 车型的平均降价幅度超过 7%。

我国汽车生产企业的技术创新能力较弱；产品销售能力不强，服务水平不高；在物流管理、汽车租赁、金融服务等方面都还有很大的发展空间。在我国，长期的政府干预使得企业在零部件配套、原材料供应、物流等方面存在故步自封的现象。在国际化进程中，企业必须进一步对生产和流程进行提升改进，并通过生产优化、流程再造优化来进一步提高产品竞争力。

6.1.5 人力资源环境

我国交通企业的供应商、经销商、代理商等合作伙伴可能并非本土企业，我国交通企业正进入一轮大规模的国际化战略阶段，这就需要一批具有国际化专业知识的人才队伍，如全球化的经理人员。在经济日趋国际化的今天，我国交通企业缺乏这种专业人才，一个合格的全球化经理人员要有丰富的工作经验，一口流利的外语是经理人的基本素质，具有海外工作经验才能够真正具备从不同的角度看问题的能力[143]。在我国交通企业实施国际化战略过程中，对全球化经理人的培养是必须的，经理人要熟悉各国的风土人情、文化等。简言之，我国的国际化公司里必须要有这么一批国际化专业人才为公司工作，他们应是国际化方面的能手。当前的问题是我国交通业能否有能力招纳一批具有不同背景、文化的国际化领域的人才[145]。从目前的情况看，我国交通企业的国际化人才储备明显不足。

6.2 我国交通企业实施国际化创新发展的SWOT分析

为了对我国交通企业内外部条件进行综合和概括，根据我国交通业在国内外市场上的具体情况，通过SWOT分析法，为我国交通企业在国际化进程中充分发挥内部优势、克服外部劣势、利用外部机会以及回避国际化威胁等提供参考和指导，从而把握住强项和抓住机会，扬长避短，争取在国际化发展中能更加的从容不迫。

6.2.1 优势

(1) 政策引导与支持。《中国汽车产业"十一五"发展规划纲要》提出了"企业要制定产品出口战略"等措施，国家加大了对拥有自主知识产权企业的出口力度，支付满足国际化能力的企业走出去，这积极推动了我国交通企业国际化的进程。同时，国务院下发的《汽车产业振兴规划》明确了我国交通业未来发展的方向是国际市场的汽车产品出口[146]。

(2) 产品竞争优势。从中国汽车出口产品结构的角度来看，汽车出口主要旨在解决低端市场中发展中国家的低端产品，这些产品有明显的价格优势，且短期内不会直接与主要的跨国公司竞争，中国商用交通产业体系较完整，在产品竞争力方面优势明显[147]。

6.2.2 劣势

(1) 研发仍然不足。我国交通企业实施国际化创新发展的最大困难是自身的研发能力不足。以长城汽车为例，对于非洲、中东等传统主销市场，为了确保低端、进军高端[148]，长城皮卡出口价格在4.5万元—7.1万元，这得益于长城汽车公司和国际市场的合作。长城已经成为我国最大的汽车企业之一，这也意味着它拥有较雄厚的资金实力，但在技术研发方面长城仍缺少紧迫性[149]。事实上，长城是国内企业的一个代表，在越来越开放的市场环境中，相信汽车的技术之争将会提前到来。

（2）国际环境并不理想。我国交通业的国际化慢慢会成为发达国家企业的潜在竞争者。如果“中国制造”是廉价、低附加值产品的代名词，那么“我国交通企业的国际化”不能改善我国公司的国际竞争力。我国交通企业的国际化必须经过复杂的程序，以企业在别国并购为例，不仅要获得企业股东和传统监管机构的批准，还应通过包括外国投资委员会在内的政府机构的审计[150]。有个具有代表性的例子，中海油（CNOOC）收购美国尤尼科（Unocal）原本是纯粹的商业行为，但在美国，它已经成为一个政治问题，受到百般阻挠，最终中海油并购尤尼科以失败而告终[151]。

（3）实践经验缺少。在我国交通企业国际化过程中，对国外市场的情况缺乏了解。为了准确地确定外国市场的变化并努力探索外国市场的机会，有必要对目标国家的社会、政治、经济和法律状况以及市场特征进行全面系统的研究。我国交通企业开展国际业务的时间不长，对国外目标市场的总体能力、市场结构、需求差异、购买习惯、消费者贷款、渠道分配和渠道模型知之甚少。面对巨大的市场风险和经营风险，需要对国际化战略投入更多的注意力[152]。目前我国交通企业产品的出口仍以一般贸易为主，渠道稳定性低，平均销量低，还有较大的发展空间。一般贸易可以在短期内带来经济利益。尤其是中国很多公司还没有建立健全完善的国际售后服务体系，大多数企业依靠国外的当地经销商来实现汽车销售并提供售后服务，在销售渠道和售后服务建设上需要进一步缩小差距，配件管理的各项指标与国际水平还有很大的差距。

6.2.3 机会

我国交通企业最大的机会是当前国内国际市场潜力巨大。未来全球经济发展的主要增长极和增长内生动力表现在：根据IMF预测，新兴发展中国家仍能保持2%—11%的增速，全球汽车产业链将会进一步向新兴经济体和新兴市场延伸[153]。六大汽车集团对我国的汽车市场有很大信心，都在不断布局发展战略，加强在我国市场上的竞争[154]。中国市场中各种投资加快了我国汽车产业的发展，中国汽车生产商也正在不断扩大其生产规模，外国投资人也增加了在中国汽车市场的投入资本[155]。

事实上，我国在汽车销售和零部件方面，已经慢慢成为国际市场中一个非常重要的环节，我国汽车市场正快速进入到一个准完全竞争的时期。

快速发展的国内外市场不仅仅是一个让人激动的发展机会，它也是国际企业相互竞争的角逐地。可以说，机遇与挑战是同时存在的，机遇越大所面临的挑战也将越大。

6.2.4 威胁

(1) 当前，许多国家设置了关税和非关税壁垒，以保护其国内汽车工业的发展。中国企业开拓国外市场最大的困难是欧美市场的汽车排放标准、安全和环境法规，中国制造的汽车不能达到美国标准。美国运输部的安全标准、联邦空气污染控制标准和平均燃油经济性标准，变得更加严格。

国际上不少标准条款的制定都被那些知名跨国公司所操纵，这对后发展的企业来说无疑将是一个较大的威胁，因为越来越严格的标准法规有被跨国公司操纵和进一步利用的趋势。

(2) 国外企业正利用合资品牌快速渗入到我国汽车产业的中低端细分市场，在此过程中产品低价及合资品牌的营销网络起到了较大的推动作用。我国汽车产业的中低端市场一直以来都是自主品牌的天下，国外企业的进入将会对我国自主品牌企业的产品造成巨大的威胁。

(3) 跨国公司和零部件公司在关键零部件领域设置贸易壁垒、实施技术封锁，并在此基础上大打知识产权牌。我国不少的自主品牌产品在技术和外形上都采取了模仿的策略，这也导致了我国企业和国外企业之间的纠纷不断，如丰田汽车起诉吉利公司、通用起诉奇瑞公司、本田起诉双环公司、丰田起诉调查比亚迪等多宗国外企业起诉国内汽车厂家侵权的事件发生，这些知识产权纠纷大大损害了我国企业的形象，还会使中国汽车进行国际市场变得更加困难。

（4）持续的价格战，不但降低了公司的利润率，还降低了自主品牌的国际竞争力。当年日本汽车进入美国时虽然遇到很多困难，但最后丰田公司仍扎根在了美国市场。如果中国汽车公司盲目地以低价进入国际市场，并以低价击败对手，它们将树立许多强大的竞争对手，并浪费了良好的出口环境。

此外，低价、混乱和恶性竞争也会遭到国外反倾销调查。虽然现在中国公司仍未受到过度反倾销的影响，但从长远来看这种反倾销风险是存在的。

根据上面的分析，我国交通企业国际化创新发展的SWOT情况如表6-1所示。显然，我国交通企业国际化创新发展的优势和机会仍较明显，这为我国交通企业在国际化进程中充分发挥内部优势、克服外部劣势、利用外部机会以及回避国际化威胁等提供参考和指导。

表6-1　我国交通企业国际化创新发展的SWOT情况

优势	劣势	机会	威胁
（1）政策引导与支持； （2）产品竞争优势； （3）低端市场产品竞争力富有优势。	（1）研发仍然不足； （2）国际环境不理想； （3）实践经验缺少； （4）适应市场发展，寻找新的销售模式。	（1）国际、国内市场潜力的巨大； （2）国内外市场快速发展。	（1）越来越严格的标准法规和被跨国公司操纵利用的趋势； （2）国外企业正利用合资品牌快速渗入到我国汽车的中低端细分市场； （3）跨国公司和零部件公司在关键零部件领域大打知识产权牌； （4）持续的价格战，降低了企业利润率。

当然，我国交通企业要想在国际竞争中取得一定的成功，最关键的是不断提高企业的实力，这样才能在和一些知名的企业竞争中不落下风。企业要多关注国际市场的动态变化，树立良好的企业形象。

6.3 基于技术创新的我国交通企业国际化创新发展动因分析

从我国交通企业的竞争环境来看虽并不乐观，但最近几年我国交通企业主动参与国际化创新发展，不少企业还取得了一定的成绩。本节就以国际化的竞争环境为背景，来分析我国交通企业实施国际化创新发展的主要原因。

6.3.1 国际化市场背景下的动因

我国交通企业主动参与国际化创新发展，不仅有一定的主观原因，还存在一定的客观因素。从国际化大市场的背景看，其主要动因包括以下三个方面：

第一，当前各国对本国企业实行保护，设置了非常高的贸易壁垒，阻碍其他国家企业对本国企业的冲击，为了解决这一问题，采取兼并收购或新建的方式在目的国投资是一个好的办法，这样有利于我国企业进入国际市场，在国际市场上开展竞争，推广我们的产品。在目标市场投资，与外地企业协作合资生产和销售，进而可以绕开贸易壁垒，从而实现在目的国参与竞争的目的。

第二，实施国际化创新发展，与国外企业既竞争又协作，可以尽快摆脱我国企业技术落后的局面。虽然我国自主品牌企业一直在进行技术研发，但与欧美等发达国家的汽车生产技术相比，还存在一定的差距。在今后汽车产业竞争中，技术必将是一个关键的点。假设我国交通企业仍旧试图依靠政策扶植来发展低端产品，则将无法打破技术难题，从而只能在低端的汽车市场徘徊，在面对高端品牌竞争时将步履维艰。

第三，实施国际化创新发展，企业取得迅速发展的捷径是并购国外品牌。但是无论在任何时候，技术都是一个不可跨越的门槛[156]，只有有了高超的技术，加上超前的设计，才能打造一个有价值的品牌，这也是一个企业立足于国际化创新发展的基础。

以吉利收购沃尔沃为例子。随着中国成为世界上最大的汽车消费市场，吉利对沃尔沃的收购使其在高端汽车市场有了更多的机会。沃尔沃的先进技术是吉利发展中高端品牌的基础[137]。借助沃尔沃的技术优势，吉利在低成本制造方面越来越有优势，这就会在国际竞争中占得先机。

6.3.2 国内市场背景下的动因

从国内市场的背景来看，我国交通企业实施国际化创新发展的动因主要有两个方面：

一是国内汽车市场的发展与冲击。中国加入WTO后，我国交通业大幅度对外开放，跨国汽车巨头快速进入中国市场。比如，通用、福特、戴克集团、丰田汽车、大众汽车、雷诺—日产等6大汽车集团，以及宝马、本田和标致雪铁龙集团等，它们采取合资方式在中国大陆生产和销售汽车，这使得国内市场的竞争日趋激烈，即使在自主品牌的中低端市场也遭遇到外资及合资品牌产品的竞争。为了快速发展壮大自己，我国不少企业不得不走出国门，主动去开辟一些新兴市场，以此来缓解国内的竞争压力。

二是国际市场的经济利益。首先是经济利益的驱使与诱导，自主品牌汽车出口到国际市场，原因是国际市场蕴含着巨大的经济利益[157]，能给企业带来巨大的利润空间。其次是企业在国际市场树立的良好品牌形象、品牌价值的逐步增长，是我国汽车国际化创新发展的又一重要目的。在开放市场经济中，如果企业无法在本土以外的市场增加自己的核心竞争力，则很难保证其在国内市场上的一系列优势。基于利用国际资源在国际市场实现规模升级，需要更大的下游市场和更多上游资源的帮助。国际化是企业成功发展的必经之路[158]。我国交通业在国际上必须要树立一个良好的形象，这样可以提高国际竞争力。我们要把自主品牌的优势发挥到极致，我们的优势是有巨大的国内汽车市场需求，而且这个优势会随着我国交通业国际化不断加强[159]，并将反过来使国内市场消费者改变对自主品牌的偏见。

6.4 本章主要内容

本章分析了我国交通企业实施国际化创新发展的内外部环境因素，主要包括经济环境、国家政策环境、技术和市场环境、产品环境和人力资源环境等，并运用SWOT分析法，来识别我国交通企业实施国际化创新发展战略的优势、劣势、机会和威胁，为我国交通企业在国际化进程中充分发挥内部优势、克服外部劣势、利用外部机会以及回避国际化威胁等提供参考和指导。

结合国际化创新发展环境，分析了我国交通企业实施国际化创新发展的动因和必要性，并分析了采取兼并收购等方式在目的国投资以绕开贸易壁垒的国际化创新发展之路，从而为我国交通企业实施国际化创新发展提供了可供选择的方法。

第7章 基于技术创新的我国交通企业国际化创新发展风险研究

7.1 我国交通企业国际化创新发展面临的风险

所谓国际化风险是指在企业国际化发展过程中，因面临各种不利的复杂经营环境而导致企业国际化受阻、受损甚至失败的多种状态。企业国际化需要面对和国内完全不同的政治、法律、社会文化环境，同时还要应付复杂多变的经营环境，客观上要求企业必须增强风险意识，加强风险防控，防范可能出现的风险因素，最终实现企业国际化创新发展的目标。

7.1.1 宏观环境风险

当企业想要走国际化这条路的时候，就必须要明确国际化给企业带来的各方面影响。应该在考虑整体大局的基础上，去规划、去统筹，把国际化作为企业的一个战略方向。企业国际化创新发展面临的宏观环境风险主要有以下两种：

（1）较多的政府干预行为、繁琐的资格审批手续、严格复杂的外汇管制等会给我国交通业对外直接投资与开展国际化等带来一定程度的风险。

近年来，东道国政府的各种政策干预以及贸易保护主义给企业开展国际化创新发展造成了巨大障碍。企业在国外投资设厂与经营必然会受到东道国政府行政命令（即外国投资政策）的规范和制约，如东道国政府会对外企在本国的生产经营设置严格的管制条件，如工人保障标准、技术创新标准、产品标准认证、资本比例、本地化生产限额等，给企业海外直接投资造成了很大的障碍。这就要求我国交通业在进入时要严格考察东道国的宏观环境和政策制度，始终坚持高标准的质量理念，提高产品品质[191]。

（2）东道国宏观经济状况带来的风险。企业海外扩张，一般是以东道国的宏观经济发展为基础的。由于企业在跨国竞争中，进入的是一个陌生的、无法控制的异国环境，外部环境特别是宏观经济状况的不确定性构成了跨国竞争风险的根源，如贸易条款、利率、汇率、收支平衡、债务负担、对外贸易关系的变化等。例如，当一国的国际收支出现逆差时，往往会采取限制出口、限制支付及调整利率等措施，导致本国货币贬值[192]。这些很可能发生的情况都会对企业的国际化创新发展造成巨大的冲击和产生不利影响。一国汇率和利率是否变动代表着该国经济的稳定性，经济不稳定，则会对企业的投资、经营管理及利润回收等产生较大的影响，是企业国际化创新发展需要面临的又一重大风险，如果汇率和利率波动过于频繁，企业在海外的投资就有可能遭受巨额损失甚至失败的风险。

7.1.2 行业环境风险

首先，随着我国外贸管理和体制改革的开展，行业内大量进出口企业、三资企业迅速发展，使得企业国际化进程中所面临的国内外竞争对手日益多元化和复杂化，给企业的经营带来了较大的风险。在一定时期内，由于市场体制不够健全，改革措施尚待深入和完善，行业内竞争对手通常采取低价策略来获取市场份额，这样会使其他的同行业企业利润受损，从而给企业的国际化发展造成不良影响。

其次，政府信息导向机制不完善，信息互通情况较差，导致企业对东道国市场缺乏足够的了解。目前，大部分从事海外竞争的企业尚未建立起完善的信息系统，收集信息的能力较差，信息渠道不畅通，缺乏对东道国市场及竞争对手情况的充分了解和认识；加之政府的信息导向功能不健全、支持力度较弱，提供的信息不足，导致企业在开展国际化创新发展时步履维艰。此外，由于信息不畅通导致的沟通不畅通现象严重，本土企业之间缺乏有效的协作，一听见有好的投资项目就蜂拥而入，纷纷投资上马，出现了一哄而上的局面，市场秩序混乱[193]，从而会浪费资源。

7.1.3 企业内部风险

企业在实施国际化创新发展时，应对结算货款涉及的结算币种、付款时间、付款地点和付款方式等进行统一规定，并按照国际贸易惯例的方式来结算。因为在结算时，会涉及东道国货币政策和外汇政策、法律规定和金融条例等，所以一定要选择合适的结算方式，避免企业利益受损。此外，由于某些政治、经济等方面的因素所造成的出口外汇汇率的波动也会给企业造成一定的风险。

近年来，我国交通业拓展国际市场中不断受到绿色贸易壁垒和蓝色贸易壁垒等贸易壁垒的冲击，发达国家通过设置障碍削弱企业产品的相对优势。如SA 8000标准（企业社会责任）将劳工权利与定单挂钩，在一定时期和范围内增加了企业单个产品的劳动成本；此外，国际市场上增加的各种绿色贸易壁垒、环境技术标准和法规，给我国交通业进入国外市场设置了严格的准入制度，意味着我国企业出口的产品必须满足质量、包装上的一系列严格的环保法规和苛刻的技术标准，一旦出现问题就要承担严重的后果[194]。

此外，企业内部风险还包括产品、定价、分销渠道和促销等方面的风险[195]。

第一，产品风险。即由于企业自己开发出来的产品不适宜销售而给企业和消费者带来的风险。产品风险可以再细分为产品设计风险、产品定位风险、产品质量风险、产品品牌风险。产品设计中存在的风险主要是因为产品设计陈旧过时或超前，不能够充分地满足市场中的主流要求；产品定位风险指的是产品颜色款式不符合目标市场终端顾客的需求；产品品牌风险是指企业对产品（特别是名牌产品）的品牌和商标保护不力，由于侵权而给企业造成损失的可能性，其具体表现在以下三个方面：一是产品的品牌商标被企业或个人非法使用、修改等侵权行为；二是企业商标保护意识不强，导致自己的商标被别人抢注；三是对品牌商标由于维护不当而出现的负面评价，使品牌信誉损失。

第二，定价风险。即企业不能正确或精确地对企业的产品进行适当定价，从而使交易双方产生损失的风险。一般来说，定价风险主要包括以下几个方面：

（1）低价风险。即因为将产品的价格水平定得较低而引发的风险。当流通环节跨越了国界而成为国际贸易时，低价策略不一定在任何时候、对任何产品都适用，甚至还会带来严重的低价风险。一方面，“便宜没好货”的传统认识完全有可能颠覆低价营销带来的传播效应；另一方面，过低的价格会导致企业营销中的降价空间被压缩到较低的限度，从而造成营销难度增大。此外，产品如果采取低价渗透的战略，前提是必须要有稳定的消费需求，而现实中终端客户的消费需求会不断发生变化，这会使企业产品的价格依赖性非常不坚强[194]。

（2）高价风险，简言之，即因为将产品的价格水平定得较高而引发的风险。企业产品高价引发的风险主要有以下几点：①产品价格高，可以使消费者感觉到产品特别的高档，但是也会因为高价格，使顾客望而却步，给产品的销售带来一定的困难。②高的价格必然带来高的利润，这必将引来一大批竞争者；而且，高价限制了产品在消费群体中传播的广泛性，把相当一部分有购买愿望但无购买实力的消费者拒之门外，损害了消费者购买的积极性。

（3）价格变动风险。即因产品价格变动给企业经营带来的潜在风险。价格波动主要有三种形式：一是提高价格；二是降低价格；三是产品价格没变，但市场上同类竞争产品的价格发生了变动。在营销活动中，如果价格变动控制不好往往会给企业竞争带来较大的风险，如过低的降价会引起行业内竞争对手的联合抵制，而过高的定价则会导致企业终端消费客户群体的流失。

第三，分销渠道风险。其是指由于各种各样的分销渠道和渠道决策复杂化等因素，给分销带来不利影响，从而给企业营销带来的风险，主要包括三种：分销商风险、储运风险和货款回收风险[196]。

（1）分销商风险。分销商是企业销售环节中的重要一环，企业选择分销商不当或出现失误，将会直接导致企业市场竞争的失败。分销商风险主要是：分销商的实力不能满足企业的销售任务；地理位置不好；分销商的其他违约行为等。

（2）储运风险。其主要是指企业产品在储运过程中因操作不当或其他原因，而使企业可能遭遇损失。储运风险主要表现为三种形式，即产品数量、质量、储运时间上的损失。

（3）货款回收风险。其主要是指分销商未能在合同期内交付全部货款，或者出现拖欠货款、呆坏账等现象而导致企业经营亏损的可能性。货款回收风险是我国交通业销售中普遍存在的共性问题，主要表现为分销商大量拖欠货款或恶意侵占货款、分销商无力偿还货款等。

第四，促销风险。促销风险主要包括广告风险、人员推销风险、营业推广风险和公共关系风险[197]。

（1）广告风险。其主要是指企业的广告活动未达到企业预期目标而导致企业损失的可能性。企业进行广告促销需要投入大量的人力、物力和财力，虽然大量的事实证明广告对企业销售有巨大的促进作用，但由于广告促销结果的不可确定性和不可衡量性，广告促销对企业销售的促进作用究竟是否有帮助、帮助多大等尚未有科学的评价标准。

（2）公共关系风险。企业在实施国际化创新发展时，公共关系的好坏是至关重要的，好的公共关系可以树立良好的企业形象和品牌形象，当然开展公共关系需要支付一定的成本。

（3）营销推广风险。营销推广是指能迅速刺激需求、鼓励购买的特殊促销手段，在选择活动的时机、方式、对象和业务上具有主观性，一旦出现偏差，必然会使企业遭受一定的损失，使营销推广不尽人意。

（4）人员推销风险。其主要是指由于各种原因导致推销人员的工作不能达到预期的水平，或者推销的效果不好，其产生的原因主要是由于推销人员的业务素质、知识积累、营销技巧等方面存在不足。人员推销是最常见的推销方法，如果在推销人员上选择不当，推销工作效果就难以保证，人员推销风险就不能避免。

7.1.4 国际化风险案例示例

1. 战略风险

海尔最初的国际化战略是通过进入欧美发达国家市场，建立国际品牌知名度，这样的路径对进入其他国家是非常有利的。其通过购买美国一家发电厂实现设计、制造和销售并实现本土化。但是，海尔在美国和欧洲发达市场并没有取得良好的发展，一直徘徊在低端市场，这也拖累了整个公司的业绩，当然，现如今海尔的国际化战略做了大幅度的调整并取得了较为明显的成效。

当 TCL 收购 Thomson 的电视业务时，乐观估计其将在一年半的时间内盈利并取得专利技术，这足以看出 TCL 的决定太轻率了。此外，尽管 TCL 并未在收购中使用现金，但 Thomson 甚至不支付任何代价就清除了不良资产。相比之下，西门子支付了 2.5 亿欧元来转让移动电话业务给明基公司，这两个案例中的战略决策风险差距非常明显。

2. 人力资源风险

对海外公司高层管理人员的有效管理和使用是国际公司面临的主要问题。过度授权会导致控制失控，授权较少会使海外公司的响应速度变慢。

IBM 个人电脑业务自被联想收购以来，团队中超过 30% 的员工离职，人力资源风险陡升，IBM 的原始员工是否会接受联想管理层的管理，他们是否接受联想的文化以及是否愿意继续为新公司服务。联想近年来不断招聘有出国留学和海外工作经验的各类员工，但是联想如何招聘到具备国际化视野的人才并将其留在公司，是确保联想在全球 200 多个国家和地区有效运营的关键影响因素，这也是摆在联想面前的人力资源风险。

海尔的海外国际公司，除了部分国内派驻的管理人员外，其余员工都是在当地招聘的，并且发达国家工人的工资福利较高，尤其是加班时，工资通常是一般工人的几倍或者更多，尽管外国雇员也会根据实际情况加班，但是许多雇员也不想放弃休息时间加班。这不仅给海尔带来了巨大的财务压力，还带来了管理上的困难[216]。

另外，企业国际化过程中还会遇到人员更替的问题，这严重影响了合资企业在并购前后的平稳过渡。这主要是由于国内公司不重视人力资源管理，特别是缺乏国际人才培训和激励机制。此外，企业国际化进程中还涉及企业跨文化的整合。

3. 财务风险

联想收购 IBM 个人电脑业务后，联想转让了 IBM19% 的股份，为了获得较为出色的成果，根据流行的算法，需要大量赞助资金用于市场营销、公共关系开发和维护以及终端促销活动，联想已经在该计划中投资了 3 亿多美元，2003 年，联想的收入为 10 亿元人民币，联想为这个昂贵的项目投入了 2 年多的净利润。联想是否能在未来几年内获得足够的利润来支持该计划，联想是否能在 PC 市场的激烈竞争中占据主流，即联想是否有足够的能力在市场中表现出色，这也存在财务风险。

4. 操作风险

由于我国国内企业综合实力较弱，国际化经验不足，存在业务整合和企业文化磨合的操作风险。如联想收购 IBM 个人电脑业务后，其能否将不同的文化进行有效整合？联想购并后的新公司面临的操作风险是否会发生文化冲突以及公司的整体运营是否顺利等？

5. 品牌风险

由于公司管理出现漏洞，行业竞争，或者一些突发的事件，都会给公司发展或品牌效应带来一定的风险，特别是我国交通业多元化、国际化发展过程中的共同风险是我国交通业品牌稀释的风险，在多元化战略的实施过程中，许多公司更加关注经济利益和损失，而忽略了负面因素。

6. 文化风险

企业实施国际化战略必然是面对许多国家或地区，每个地域都有自己的风土人情，这就有可能面临文化冲突。这种文化环境的复杂性影响了企业在国际化中的盈利目标。因此，正确理解和系统分析文化风险是非常关键的[297]。

7. 政治风险

由于政治和经济的不可分割性，国内公司在国际化过程中经常会遇到政治风险，例如，政治动荡、政策调整和政治抵抗。由于其具有深远的影响和破坏性，政治风险甚至已成为企业运营和管理之外的最大风险。例如，由于西方国家设置的障碍是中国移动没有成功竞购巴基斯坦电信的原因之一。尽管中石油最终设法收购了哈萨克斯坦油田，但哈萨克斯坦政府进行干预以保持对其资源的战略控制，使其难以实现某些业务目标[269]。

实施任何战略都是有风险的[298]。对于竞争能力较弱的我国交通业来说，国际化竞争更是如此，而风险控制是企业国际化战略的重要内容之一。

7.2 我国交通企业国际化创新发展的风险成因分析

我国交通企业国际化创新发展的风险体现在许多方面，既有主观因素，又有外部环境等客观因素。

7.2.1 国际化创新发展风险的主观因素

国际化创新发展之所以会产生风险，从企业的角度看更多的是由一种主观因素所导致[263]，主要有以下几个方面原因：

（1）公司管理理念受计划经济体制的影响很深，尚未实现向国际化创新发展方向的有效转变。计划经济时期商品短缺，企业在计划经济时期所形成的“等、靠、要”的思想指导下，固守计划经济时代的框框，实行以产定销原则。而国际化创新发展强调从消费者的需求出发，以销定产，消费者逐渐取代了企业的主导地位，而企业尚未在转变过程中建立相适应的经营管理方式，这给企业经营带来了一定的风险。

（2）决策者做出的决策没有依据，或是只凭主观的想象。在这种情况下做出的计划、政策必然脱离市场需求的实际，最终导致企业产品积压，而国际化创新发展也会因缺乏资金而搁浅。

(3) 企业决策信息获取不全面也是产生风险的重要因素。一是企业管理人员及营销人员对法律法规、市场规律等缺乏深入的了解，可能导致风险的发生。在市场经济体制下，社会分配资源的主要方式是通过市场，必须有一定规则如行业准则和国家法律来维护市场竞争环境，在市场规则的约束下，企业应规范运营，自我发展和自我约束。如果企业违反市场规范，轻者遭到竞争对手抵制，重者会被诉诸法律。二是信息渠道不通畅使得企业在竞争活动中，没有及时深入地了解竞争对手、中间商和终端消费者的基本信息、诚信度等资料，导致企业往来缺乏依据，最终产生风险。

(4) 企业对国际化创新发展风险的危害认识不足，且缺乏应对与处理国际化创新发展风险的经验与知识，缺乏必要的风险管理能力。当前，在我国交通业的组织结构中基本上没有设置专门的风险处理部门，大部分企业的风险管理意识淡薄，对风险管理缺乏足够的认识。还有部分企业，在风险初露端倪时抱有侥幸心理或对风险的危害认识不足，错失了处理风险的最佳时机。例如，“会稽山”牌黄酒是国内较为知名的名牌产品，在国内外广受欢迎，但企业在长期的经营中却连商标都没有注册，结果被人在日本抢先注册，从而导致“会稽山”牌米酒在日本的销售受到他人的控制。最终，公司花了超过10万美元才回购了原属于自己的商标[198]。

在风险发生以后，不少企业由于应对风险的措施不当，不能够及时采取科学的风险处理手段，也会给企业带来实质性的风险损失。

企业国际化创新发展风险的主观原因更多的是来自于企业的内部，这种风险基本可以通过企业自身的调整来加以控制，带有较为明显的主观性。

7.2.2 国际化风险的客观因素

我国交通企业的国际竞争受到各种外部因素的影响。如果处理不当，将会给其国际化创新发展带来巨大风险。

1. 不断变化的市场需求

随着生产活动的全球化，我国交通企业的经济活动越来越多地受到全球市场的影响。由于市场需求的不断变化，参与全球竞争的企业的市场需求已从定量转变为定性，并已转变为个性化。不断变化的市场需求不仅是当前经济发展的必然结果，而且是社会和经济进一步发展的动力，使之向更深的方向发展。但是，如果我国交通企业不能及时准确地把握国际国内两个市场的变化，又不能及时调整国际化战略，将不可避免地给企业带来更大的营销和产品风险[277]。

2. 经济形势和政策变化

改革开放以来，经济形势的变化得益于我国政府根据发展形势及时调整各种经济政策的能力。利好的经济政策，不仅符合中国经济形势发展的需要，而且也给一些企业的国际化带来了一定的正向影响[280]。

近年来，金融危机的影响尚未结束。全球市场没有高的需求，金融部门仍不堪一击，美国和欧洲的宏观政策空间在缩小，公共债务问题将拖累全球经济的增长。虽然失衡很明显，但是新兴市场经济体的增长率很高。尽管新兴市场的出现可以为我国交通企业的国际竞争带来机遇，但我们必须清楚地看到，新兴市场尚未与发达经济体完全脱钩，而且各国之间货币政策的错位加剧了资产泡沫。全球经济和政策的不确定性会使我国交通企业的国际化创新发展承担更大的风险。

3. 科学技术不断进步

当今科学技术创新发展日新月异。首先，它极大地丰富和发展了企业的国际化创新发展，为我国交通业国际化战略带来了新的机遇，同时也给我国交通企业带来了新的挑战。通过技术创新，淘汰了落后的生产方式和落后的技术。以网络营销为例，随着技术创新的加快，网络营销已成为一种先进的营销方法，给传统的营销组织结构、营销策略和方法带来了新的挑战，这敦促企业做出改变以满足新的发展需求[282]。

对于企业产品尤其如此。近年来，汽车电子产品的飞速发展导致消费者对企业产品的看法发生了变化。如果在国际竞争中，我国交通企业仍然认为汽车只是交通工具，不赶超发达国家的先进技术，那么将被其他产品替代，就像升级计算机产品一样。

4. 其他因素

企业国际化发展必将受到全球环境的影响，例如，军事因素和政治因素。近年来，局部地区战争频繁发生，许多国家正在经历动荡。对于在国际上竞争的中国公司来说，如果它们不能做出相应改变，将会给其国际化创新发展带来风险[279]。

7.3 我国交通企业国际化创新发展的风险控制

面对国际化创新发展的各种风险因素，我国交通企业必须采取多种风险控制对策，这对于在竞争中处于较弱竞争位置的国内企业来说显得尤为重要。

7.3.1 加强国际化创新发展环境的调查研究

企业要想做到对国际化创新发展风险进行有效控制，就要认真调查分析企业的竞争环境。做好市场调研是开拓市场的关键，掌握第一手的资料，了解消费者的需求、竞争者的相关情况、国家的相关政策以及国际政治经济形势等，并对这些资料进行深入研究[280]。

在对资料进行有效分析后，可以针对市场需求，制定有针对性的设计、产品定位及销售策划。如果对市场的情况不了解就进行产品研发，会给企业的营销活动带来巨大风险。如国内生产包装企业之一的中粮美特，近年来，为了降低其国际化创新发展的风险，该企业在为其他企业产品进行包装时，采取了以下运行模式：首先对客户信息进行研究，了解产品的销售渠道是否正常，以往业务有无欠款发生，有无信誉问题，与之交易是否会产生风险等；当经济活动发生之后，采取人货同行，现场验货的同时现场办理手续，在最大程度上保证了公司的利益不受侵害[248]。

7.3.2 逐步建立风险防范与预警应急处理机制

当前国际市场环境风云变幻，因此，对于企业来说，建立一套完善的风险防范体系和风险处理机构，以此来应对企业在运营过程中发生的风险，就显得非常重要和必要。

对于风险防范体系和风险处理机构的工作范围应涵盖如下几点：首先，制定一系列风险防范的相关规章制度，并由企业监督执行；其次，对业务往来客户的资料信息进行仔细研究，对其能力以及信誉进行评定分析；再次，为了提高职工的风险防范意识，增强其对风险的处理能力，可在日常的工作中，定期进行一些风险处理现场演练。最后，对于已经出现的风险，应联合风险处理机构共同进行处理[281]。

7.3.3 正确面对发生的风险

当风险已经发生，那么针对风险采取什么样的补救措施，如何化解风险对企业、顾客和社会带来的危害，将显得尤为重要。

首先，企业应积极而诚恳的面对权益受到侵害的顾客；其次，采取快速而有效的措施，防止风险的进一步扩大，最大限度地保护顾客的权益，力争把对他们的损害降到最低。如果企业在发生风险后，采取逃避、辩解，甚至不管不问，那么风险就会因不能得到有效控制而进一步扩散，给企业带来极大影响。

例如，1999 年可口可乐在欧洲发生饮料污染事件，其采取了一系列补救措施：管理层亲赴污染事件发生现场，向受害者表示道歉；对污染事故发生的原因进行权威调查，并及时向社会公布，增加信息的透明度；控制信息的发布源，成功制止了危害的进一步扩散，降低了公司的损害程度[271]。与此相反的一个例子是，1996 年 6 月，一名湖南老汉因为服用了三株口服液结果引发自身的其他疾病最终致死[276]，事后其家属索赔无望被迫上诉，败诉后的三株面对国内媒体的炮轰，仍回避、辩解、推脱责任，忽视公众利益，忽视危机公关，最终在舆论的谴责声中曾经风光一时的三株帝国轰然坍塌[278]。

当企业的产品问题出现时，企业的服务质量、风险化解能力将会显得更为重要。

7.3.4 提高企业员工素质

对整个企业来说，员工是其基本组成部分。作为一个个人，每个员工都具有自己的性格，例如，独特的文化素养和独特的道德品质。当这些不同个体被组合到一起时，将创造一个不同的整体。如果企业员工素质太低，将有可能降低企业的整体竞争力，这不有利于企业的发展。为了防止这种情况的发生，企业应该加强员工素质培训。这对企业战略风险控制很关键。

针对员工素质方面的培训应该包括文化、商业、道德和政治等方面。对于企业而言，员工的素质直接关系到企业的形象。特别是应加强对产品研发人员的培训，从而便于他们分析和掌握目标市场中的产品，服务人员更应树立良好的服务意识，提升服务质量。显然，进入国际竞争状态的我国交通业迫切需要将风险防范纳入新的评估体系，这已成为企业国际化发展的重要标志[282]。

7.4 本章主要内容

本章分析了我国交通企业实施国际化创新发展的主要风险，包括宏观外部环境风险、行业竞争风险、我国交通业内部风险等；分析了我国交通企业国际化创新发展风险的成因；最后给出了如何规避风险的措施和防范国际化创新发展风险的对策建议。

本章的主要研究工作及成果包括：

（1）对企业国际化创新发展的各种风险进行了识别，并对其成因进行了分析，为制定有效措施防范风险提供了依据。

（2）提出了防范企业国际化创新发展风险的对策建议，包括：加强研究国际化战略环境，建立风险防范机制与风险处理机构，以正面、积极的态度面对发生的风险，提高企业员工素质等，这为我国交通企业国际化创新发展的风险防范提供了参考建议。

第8章 基于技术创新的我国交通企业国际化创新发展的实现路径

面对国内外激烈的竞争环境，虽然企业国际化创新发展存在诸多的不足，竞争力较弱，但由于庞大的全球市场以及与国外知名企业的各种合作，使得我国交通企业国际化创新发展又具有较大的发展潜力。面对复杂的国内外环境，可以说，我国交通企业既存在较大的发展机遇，又面临巨大的挑战，这需要在国际化创新发展征程中，采取较为合适的进入和实现路径。本章将在前面分析的基础上，根据企业自身的发展实际，对其国际化创新发展的进入模式、路径的优化策略等进行较为系统的分析。

8.1 我国交通企业国际化创新发展的路径分析

当前，国内外经济环境复杂，面临着巨大的通货膨胀和原材料价格上涨的压力，企业面临的市场环境不容乐观，为了在国际化创新发展中取得一定的优势，企业必须做好充分的准备。

第一，企业需知道自己优势，包括竞争优势和内部优势；第二，企业要了解进入相关国家的政策、法律等；第三，为了降低企业在国际化发展中的风险，企业不妨先尝试通过出口和契约等模式进入国际市场。这种方法更加符合我国交通业的实际情况，有着较为现实的策略目的。

8.1.1 国际化创新发展的最终目的是带动产业全球化

我国大型企业在竞争激烈的国际化环境下的竞争分为三个阶段，即初、中、高。跨国公司在我国开展的合资伙伴关系大多符合此种规律。初级期（贸易式阶段）主要指的是以产品出口为主要标志的一种国际化创新发展，高级期（投资式阶段）则是以组建合资公司和独资公司等股份制联盟作为主要标志的一种国际化创新发展。所谓的中层（契约型）竞争阶段指的是技术许可证等非股权联盟作为标准而进行的国际化创新发展。根据逐步渐进的理论可以推断，一个企业在国际化的竞争往往都是从初级竞争到中级竞争再到高级竞争的过程。

我国交通企业国际化创新发展需要进一步优化配置全球各类生产要素和资源，协调统一发展将大幅度提高企业国际化水平，以此更好地适应中国工业化和现代化进程。我国交通企业参与国际化和经济全球化能创造新机遇、新市场和新机会。

走国际化发展道路对企业来讲是一种选择，这个选择可能会给企业带来好的方面也有可能带来不好的方面。选择一条正确的国际化发展道路可以调节这个矛盾，让企业更好的发展。

当前，我国交通企业实施国际化创新发展能促进制造业生产要素向海外的跨境转移，更好地合理优化中国乃至全球的资源，以达到“走出去”和“引进来”的目标。协调发展会大大促进我国交通企业国际化创新发展的实施，为积极主动参与到经济全球化建设创造了新机遇，为开放型经济的发展营造新环境。加快进入国际市场，企业必须从以下几个方面来适应国际化的需要：

（1）给企业创造良好的国际化创新发展环境。日本和“四小龙”的成功经验告诉我们，政府部门应该带头创设一个良好的适合于跨国公司自身发展的环境，并研究制定健全的促进跨国公司自身发展的战略框架。当前国际市场竞争日益激烈，我们必须采取的对策是突出优势产品和项目，并在市场上实施多元化战略，建立具有较强国际竞争力的公司集团。它大致可以划分为三个层次：第一个层次是创立大型的跨国公司，以直接投资和持有股票的方式在国际市场上占有一席之地。第二个层次是将大型企业集团合并为专业或综合的跨国集团，这可以扩大私营企业和集体企业的联合范围，提高我国交通业的竞争力。这将是未来我国交通业国际化创新发展的主要方向。第三个层次是以大公司为主导，逐步扩展到有影响力的民营企业，使其也进入国际市场，中国的跨国企业无疑将得到全面发展。

（2）积极解决企业融资困难问题。这需要企业、政府、银行等共同努力解决。如果想在激烈的国际化环境下求得生存，第一，企业必须树立一个良好的信用形象。要依法设置会计账簿，确保所有的会计数据真实、完整，坚决抛弃账外账等一切弄虚作假的行为。第二，要进一步加强对账务工作的监督和管理，明确各个部门的职责，定期向社会各级相关部门提供全面、准确的财务信息，树立遵纪守法的企业形象，从而取得商业银行的认可并能获得贷款和投资。而且国有银行也一改以前的做法，主动为企业提供更多的金融服务。金融机构也进一步加大对企业的扶持力度，并积极转变观念，加快金融服务方式改革与创新。相信在企业、银行、政府三方的共同努力下，企业融资难题必然会迎刃而解。

（3）引进和培养一批国际化人才，形成一支国际化的管理队伍。一个优秀的经营管理者团队对企业的国际化进程发挥着不可磨灭的作用，会加速企业在国际化方面的发展。因此，培养国际化人才也越来越受到企业的关注。企业应该进一步加大国际化人才的引进力度，并在日常工作中加强对人才的培养。

（4）创新对外直接投资模式。企业的对外投资与合作在企业的国际经营活动中占据了重要的地位，而这些经营活动与各种生产要素流动密切相关，例如，人力资本、技术和专业人才。对外直接投资也包括绿地项目、并购、技术合作，战略联盟等各种方式。目前，跨国并购已经逐渐成为跨国公司进行投资的一种主要手段，这对于其原籍国和东道国来说均具有重要性。对于中国企业而言，通过大宗商品并购能更有效地利用海外贸易网络和科技研发资源。同时，通过科技合作、生产经营许可证和战略联盟，企业的经营能力能进一步增强[156]。

（5）对于企业的国际化，企业家的素质非常重要。理念、远景、激情是一个卓越的企业家最基本的素质。

一个企业家的综合素质对企业至关重要；企业家所做出的每一种选择都代表了企业的走向。企业家的素质决定着一个企业的生死存亡和未来发展的方向。企业家健康的体魄和旺盛的精力以及他们的经营理念等，这些因素都会给企业未来的发展带来影响。企业要想健康发展，拥有一套完整的具有自我优化职能的经营管理系统才是关键[140]。

从企业自身的角度来看，其应根据自身的实际情况选择国际化的进入方式。一般而言，国际化的模式主要有以下几种：①出口进入模式；②直接投资模式；③公司联盟模式；④海外上市模式；⑤OEM和ODM。其中，出口进入模式要求利用中介机构与国际市场联系并减少企业的准入壁垒，对于我国交通业来说，有必要针对不同国家采用适当的投资方法。由于我国交通企业的对外直接投资经营时间短，经验不足，企业必须走出去与当地企业合资，促进两种资源和文化的整合。

企业在国际化发展的过程中也可以建立战略性的联盟，一起面对国际化，这既能分担风险也能优化企业的资源配置。OEM可简称为“代生产”或“贴牌生产”。这种经营模式就是企业不直接生产，而是让别的企业代替生产，这种模式被许多企业采用。企业可以根据用户的需求量灵活生产，从而形成经营优势，这样企业内在的扩张力就会增强，更高层次的资本运营也就有了更多的空间。ODM（原始设计制造商）致力于帮助客户将产品从蓝图变为现实，并提供从产品开发、设计和制造到后续维护的所有服务，客户只需要向ODM（原始设计制造商）提供产品功能和性能，提出产品创意就可以了。

（6）关注产品质量，提高售后服务水平。低成本竞争战略会降低中国进出口企业的收益，企业也无法获得足够的资金去增强其核心竞争力，从而形成恶性循环。大多数中国公司很少设立或根本就没有技术创新和研发机构，其核心技术和关键设备基本上都依赖于国外进口。对于一些需要长期投资的项目，中国公司很少介入，只能作为其他外国品牌的OEM。产品国际进出口贸易是企业经营国际化的重要部分，通过“中国制造危机”这一历史事件，不难看出我国交通企业积极进行产品国际化出口贸易的巨大重要性。因此，企业必须高度重视社会广泛关注的企业产品质量问题[169]。

企业实施国际化创新发展应把握以下几点原则：

(1) 量力而行原则。企业对外投资不能超过企业自身的承受范围，并且要避免在一个地方投资，以免导致企业投资结构不合理。

(2) 比较优势原则。企业具有竞争力的产业在哪个国家存在比较优势，而这个优势又能在目标市场上占得先机，给企业带来可观的收益，能使企业避免由于市场变化所带来的风险。

(3) 以投资带动技术、设备和产品出口原则。企业的产品在国内市场达到了一个顶峰，并且在技术和产品质量上又有很大的优势，则可以通过对外投资拉动产品的出口。

(4) 互补原则。充分利用国际生产资源来生产我国长期较为缺乏的商品，或者直接从国外扩大进口规模，以确保国际国内两个市场业务的一体化。

8.1.2 进入路径决定国际化创新发展的成败

根据前面的分析，企业在实施国际化创新发展时的进入路径有多种策略模型可供选择，除了商品的出口与并购外，还包括市场交换中的贸易进入模式、契约进入模式、投资进入模式等。

通常来讲，企业一般会根据自己在海外市场融入程度、资源承诺等方面来做出怎么进入这个市场的决策，并选择合适的进入模式。因此，企业国际化创新发展成功与否可以通过企业进入国际市场的模式显现出来[160]。

贸易进入模式就是通过向该国的目标市场出口商品以实现销售。这种方法既是资源承诺以及金融投资和管理风险最小的一种进入模式，又是进入目标国家市场速度最快的一种方法。这种模式可分为两种，即直接出口和间接出口。间接出口没有与国外市场建立直接联系，也不需要承担出口风险。直接出口贸易进入模式最大的优势在于投机资本低和区位优势容易实现，其最大的缺点之一是关税及非关税壁垒，这会使出口的产品没有自己的竞争优势，存在一定的风险。

契约进入模式是指企业为了尽快进入新的目标国家，通过和目标国家的其他企业法人组织签订长期、不可继续持有的非直接投资或者无形资产产权转让劳动合同。企业所生产销售的产品在被直接送往其他商家国际贸易市场期间，受到了征收关税、运输成本等许多贸易限制，很难突破的时候才会选择这种模式。

契约进入模式相对于出口贸易进入模式而言，它出口的主要产品是技术、工艺等，而其出口贸易模式是从中国进口的商品。它有效地避免了一些高运输成本的风险，并且避免了一些进口商品的障碍和壁垒，投资的各种技术和技能可以在受到限制的国家获得一定的利润和收益等，这也正是契约进入模式的最大优势所在。这种模式的缺点也是显而易见的，比如，对企业的要求比较高，技术、工艺必须先进，但签订的合同导致缺乏灵活性[161]。

投资进入模式是将公司资金资本连同管理、技术、销售等各个方面直接投资进入另一个国家，在目标国建立属于本企业的子公司[162]，这种将管理、财务、资金等投资到目标国会使前期的成本过高，另外，投资回报时间长，对公司的资金流以及战略性发展有一定的影响。

投资进入模式又可以分为投资性新建模式和并购模式，所谓投资性新建模式是指在目标国成功地建立一个新的投资性子公司，而并购模式主要是指通过对目标国境内现有企业进行兼并，或者要求获得其管理和经营权利的收购，但是对并购模式来说，寻找被并购的企业太难了，这是其主要缺点。

不同的企业要根据本企业的发展实际以及目标市场的情况来选择不同的进入模式，不同的策略对应不同的竞争环境，可以说，在追求产业全球化、国际化创新发展背景下，进入模式的选择决定着我国交通业国际化创新发展的成败。

8.1.3 我国交通企业国际化创新发展的路径选择分析

1. 全球价值链背景下我国交通企业国际化的有效路径

(1) 主动推进国际化策略嵌入世界价值链。随着我国交通企业不断发展，以更快的速度融入世界经济体制，与国际市场接轨是企业长期良性发展的趋势。对于我国交通企业来讲，应积极主动地融入国际化，建立产业集群，构建国家性功能平台，实现产业的升级。同时，在价值链中，有必要与区域外的业务实体进行交互，并将其包含在全球价值链中的一个或多个链接中。通过改变自身的发展状况和组织方式来提高产品性能，以实现价值链不断更新的目标。

企业必须加强利益分配，以使自己的利益最大化。积极制定国际战略构架，实现国际传统产业与高科技行业的融合，加快国内外先进要素资源的流动。建立完善的服务体系，在发展自己国际化品牌的同时，尽快形成自己的产业集群。

（2）实施跨国并购嵌入全球价值链。自从我国加入 WTO 以来，我国交通企业积极参与国际市场竞争，促进了中国经济与世界各国经济的深度融合。国际市场蕴含着大量的机遇，通过与其他地区和国家生产要素的相互融合，优势互补，在目标市场生产和销售产品，能使中国企业获得更多的收益，这正是全球化带给我国企业的好处，也是我国企业需要思考进一步发展的必然要求。就企业来说，企业的国际化主要是指企业在生产、销售和运营管理等各个环节上的国际化。近年来，我国企业不断并购国外的公司，例如，TCL 收购了法国汤姆逊；联想在美国收购了 IBM 的个人计算机部门等，并购是好是坏，外界说法各不相同。但我们可以清楚地看到，并购后确实能够增强企业的综合实力，促进企业的进一步发展，然而也有许多并购以失败告终。我们要从这些事例中总结经验教训，加强团队协作，学习先进的管理经验，利用并购带来的资源优势，提高抗击市场风险的能力。同时，要深入了解并购企业的文化，一支有国际化经验的团队可以使我们迅速接纳海外企业的文化，实现最小成本的无缝衔接。但最重要的一点是要加强对国际运营的整体管理，从而使并购后的企业能快速开展相关的业务。

（3）企业国际化的速度。从企业国际化的速度来看，分为两种：

一是渐进国际化路径，它假设企业的国际化过程是根据区域市场、国家市场、国外相邻市场以及全球市场等分阶段进行的。企业通过国内运营、间接出口和直接出口，以及建立海外销售组织，促进国际化的发展。国际化的早期，由于缺乏国际化经验，因此竞争激烈。企业为避免政治和商业不确定性风险，可以走出口在投资或者先合资再独资的路径。

二是跳跃和快速发展的国际化路径，由网络理论家和资源战略家建议。激进的成长道路适合具有全球化特征的全球性公司，它们在成立不久就开始国际化发展道路，并参与对外直接投资和国际运营。跳跃式不适用于尚未开展国际化且不遵循阶段增长方式的公司，通常表现在对其他公司并购中。由于没有品牌优势，通常利用并购外国公司建立具有股权资本的战略联盟和合资企业，以解决获取信息不完整等问题，并取得一些资源优势，这些公司想在国际市场发展自己，就必须赢得美国、日本和欧洲等主要海外市场消费者群体的信任，必须通过并购和直接投资获得专有技术和管理专业知识。

2. 生产要素

从生产要素来看，企业国际化路径可以分为“产品服务国际化”、“技术国际化”和“资本国际化”。

产品服务国际化是指最终的产品销售不仅仅限于本国市场，而是突破国家界限，在广阔的国际市场上进行销售。产品服务国际化重点在于产品生产过程是否融入国际要素，如国际资本是否介入、生产过程是否运用国际先进技术等。

资本国际化是指资金和成本的跨国界流动以及每个国家之间资本市场的开放促进了经济的流通，并使每个国家紧密地融合在一起。

技术国际化是指科技的发展促进了国际之间的合作，企业不断地学习先进技术，看到自身发展的不足，勇于创新，在国际化发展中不断进步。

现阶段，我国很多企业已实施了“走出去”的国际化创新发展，且取得了较好的效果。相关进入模式具有以下特点：

第一，贸易模式（主要是出口）是目前我国企业国际化创新发展的主要策略模式。从出口产品结构看，我国出口的产品进入的是中低端的市场，主要竞争对手是我国本土的企业，暂时不会和主要的跨国公司进行竞争[163]。

第二，契约与投资（战略联盟、投资建厂等）模式是我国企业国际化创新发展的辅助策略模式。

第三，我国企业在走向国际市场的进程中，不仅要面临缺乏信用合作和产品运输障碍，还会面临一些关税壁垒及行政性非关税壁垒等问题，所以采用战略联盟是一个较好的途径[166]。

实施“走出去”国际化创新发展，企业要根据自身的实际、市场竞争状况等情况，以一个最正确、合时机的方式进入国际市场。在进入这个市场前，企业必须要了解自己的优势所在，有哪些竞争性优势或者内部优势，将市场风险和不确定性降到最小，可通过战略联盟等方式迅速提升企业的竞争力。企业在进入海外市场之前，必须充分了解目标国家相关的法律、政策、人文等情况，以免产生误解，给企业造成不良的影响。企业可以先采取出口和契约等模式进入市场，等积累了一定的国际化经验之后，再进行并购，这些都是减小企业国际化的风险重要措施[167]。

8.2 我国交通企业国际化创新发展路径选择的影响及对策

按照我们前文的分析，企业实施国际化创新发展，一般都需要通过出口和契约以及与其他企业间的合并或收购等形式来达到自己的战略目标。企业被兼并或收购的原因，从社会经济学的角度主要分析如下：①企业想要生存与发展就必须扩大其产能与规模，需要更多的资金，不能仅依靠自身，还需要外来资本的投入，即资本的积聚与集中；②市场规模是有限的，企业通过市场竞争取得垄断权，这既是市场竞争的产物，也可以说是一个新的市场竞争的开始。

我国交通企业市场完全属于一个寡头或者垄断的资本市场。在竞争过程中各厂商的决策行为必须考虑其他竞争者对其策略所做出的反应。

考虑 Bertrand 双寡头模型，假设两家企业生产不同品牌、不同质量与不同包装的同类产品，企业 1 与企业 2 分别选择价格 p_1 与 p_2，对于企业 i 的需求函数为：

$$Q_i(P_i,P_j)=a-P_i+bP_j(i=1,2,j=2-i)$$

其中，b 反映了企业 i 的产品对企业 j 产品的反映程度（$|b|<1$）。

不考虑固定的生产成本，而令同质化产品的边际成本为常数 c。现两家企业同时选择它们的价格，$P_1^m = P_2^m = P^m = \frac{a+c}{2-b}$是博弈的 Nash 均衡[168]，此时，两家企业各盈利$\left[\frac{a+(b-1)c}{2-b}\right]^2$。但两家企业如果合谋（合作或兼并），由$(P-c)D(P_i,P_j)$最大化，都取 $P_1^* = P_2^* = P^* = \frac{a+(1-b)c}{2(1-b)}$，则各获得利润$\frac{1}{1-b}\left[\frac{a+(b-1)c}{2}\right]^2$，显然，此时两家企业获利更多。

8.2.1 国际化创新发展导致的结果

假设原来区域市场中只有两家企业 X、Y，它们所面临的市场需求函数分别为：

$$Q_X = Q_X(P_X,P_Y) = a-2P_X+P_Y, Q_Y = Q_Y(P_X,P_Y) = a-2P_Y+P_X \quad (8-1)$$

这样市场总的需求函数能保持为 $Q = Q_X + Q_Y = a - P_X - P_Y$。两家企业生产的同质产品具有类似的成本情况，其边际成本为 c。由于企业定价要大于等于其边际成本，故 Bertrand 双寡头模型的一个条件为 $a>c$。此时，两家企业的利润函数分别为：

$$\Pi_X = (P_X-c)Q_X = (P_X-c)(a-2P_X+P_Y)$$
$$\Pi_Y = (P_Y-c)Q_Y = (P_Y-c)(a-2P_Y+P_X) \quad (8-2)$$

两家企业在竞争中追求自身的利润最大化，则其一阶条件需满足：

$$\frac{\partial \Pi_X}{\partial P_X} = a+2c-4P_X+P_Y = 0, \frac{\partial \Pi_Y}{\partial P_Y} = a+2c-4P_Y+P_X = 0 \quad (8-3)$$

联立上两式，可得两家企业产品的均衡价格为：

$$P_X = P_Y = \frac{a+2c}{3}$$

两家企业的利润分别为：

$$\Pi_X = \Pi_Y = \frac{2(a-c)^2}{9}$$

由于企业实施了国际化创新发展，该区域市场增加了一家竞争企业 Z，在总的市场需求函数不变的条件下，各企业面临的需求函数分别变为：

$$Q_X = Q_X(P_X, P_Y, P_Z) = a - 3P_X + P_Y + P_Z$$
$$Q_Y = Q_Y(P_X, P_Y, P_Z) = a - 3P_Y + P_X + P_Z$$
$$Q_Z = Q_Z(P_X, P_Y, P_Z) = a - 3P_Z + P_X + P_Y \tag{8-4}$$

此时，三家企业产品的均衡价格为：

$$P'_X = P'_Y = P'_Z = \frac{a + 3c}{4}$$

企业的均衡利润为：

$$\Pi'_X = \Pi'_Y = \Pi'_Z = \frac{3(a-c)^2}{16}$$

显然，$P'_X < P_X$，$P'_Y < P_Y$，$P'_Z < P_Z$；且 $\Pi'_X < \Pi_X$，$\Pi'_Y < \Pi_Y$，$\Pi'_Z < \Pi_Z$。因此，可以得出如下结论：

结论 1：企业的国际化创新发展会导致产品价格以及利润的降低，甚至会造成打“价格战”的恶性竞争情况。

企业打“价格战”的情况在我国已经明显显现，这里面包括外资、合资以及自主品牌，“价格战”最严重的后果会导致除去边际成本后产品的利润低于成本，会导致企业存在不寻常的“亏损生产”现象。

8.2.2 联合或兼并策略

为了避免国际化创新发展中的恶性“价格战”现象，假设企业在实施国际化创新发展中采用了联合、重组或者到对方市场进行兼并收购策略，使得市场中企业的数量减少，如 X、Y 两家企业联合为一家垄断企业，则总利润函数为：

$$\Pi = \Pi_X + \Pi_Y = (P_X - c)(a - 2P_X + P_Y) + (P_Y - c)(a - 2P_Y + P_X) \tag{8-5}$$

其利润最大化的一阶条件为：

$$\frac{\partial \Pi}{\partial P_X} = a + c - 4P_X + 2P_Y = 0, \frac{\partial \Pi}{\partial P_Y} = a + c - 4P_Y + 2P_X = 0 \tag{8-6}$$

这时产品的均衡价格为：

$$P''_X = P''_Y = \frac{a+c}{2}$$

产品的均衡利润为：

$$\Pi''_X = \Pi''_Y = \frac{(a-c)^2}{4}$$

显然，$P''_X > P_X$，$P''_Y > P_Y$，$\Pi''_X > \Pi_X$，$\Pi''_Y > \Pi_Y$。因此，可以得出如下结论：

结论2：在企业国际化创新发展中，企业间的联合或兼并收购可以提高产品的均衡价格和利润，从而可以提高企业的市场竞争力。

企业间的联合或兼并收购可以在一定程度上实现规模收益的递增，这对生产较为集中的企业尤为重要。而且，具有规模经济的大企业之间进行联合或兼并收购能减弱或避免“价格战”，是降低行业内恶性竞争的方法之一。

8.2.3 产品差异化策略

由于 b 反映了产品间的替代程度，即产品差异化情况。现增加两家企业产品的差异性，b 值由原来的1降低为0.5，则 X、Y 两家企业面临的需求函数调整为：

$$Q_X = Q_X(P_X, P_Y) = a - 1.5P_X + 0.5P_Y, Q_Y = Q_Y(P_X, P_Y) = a - 1.5P_Y + 0.5P_X \tag{8-7}$$

两家企业产品的利润函数为：

$$\Pi_X = (P_X - c)Q_X = (P_X - c)(a - 1.5P_X + 0.5P_Y)$$
$$\Pi_Y = (P_Y - c)Q_Y = (P_Y - c)(a - 1.5P_Y + 0.5P_X) \tag{8-8}$$

由 $\frac{\partial \Pi_X}{\partial P_X} = 0$ 及 $\frac{\partial \Pi_Y}{\partial P_Y} = 0$ 可以解得两家企业产品此时的均衡价格为：

$$P'''_X = P'''_Y = \frac{14a + 21c}{35} \tag{8-9}$$

此时两家企业产品的均衡利润为：

$$\Pi'''_X = \Pi'''_Y = \frac{6\,(a-c)^2}{25} \tag{8-10}$$

显然，$P'''_X > P_X$，$P'''_Y > P_Y$，$\Pi'''_X > \Pi_X$，$\Pi'''_Y > \Pi_Y$。从而可以得出如下结论：

结论3：在企业国际化创新发展中，增加产品的差异性可以提高产品的均衡价格及均衡利润，从而可以减弱恶性的价格战。

增加企业产品的差异性，避免生产类似的同质产品，这是降低市场价格战的主要方式。这可以通过新产品开发、产品改良、细分产品市场等方式来实现。

8.2.4 联合重组的“囚徒困境”

在企业国际化创新发展中，企业间的合作或重组往往是失败的，在我国的表现是国内自主品牌相互竞争、多数企业选择与国外知名企业进行合作，区域汽车产业在国际化创新发展中易陷入“囚徒困境”。

在国内，企业与区域经济的深刻关系，使得区域内的企业连同区域的当地政府均希望扩大自己的区域利益。每个区域企业都明确自己的处境及其面临的选择，如合作，则可谋求共同成长与发展。假设区域内寡头企业与区域内A企业合作，不与区域内B企业不合作（如违反市场分割协定，将自身包袱交付对方），则非合作方B将获得更多利益，而合作方A却丧失利益。

为简化，假设两个区域A、B企业在联合与竞争的得益情况如图8－1所示：

		企业B 合作	企业B 竞争
企业A	合作	(3, 3)	(0, 5)
	竞争	(5, 0)	(1, 1)

图8－1　两家企业合作竞争收益矩阵图

显然，帕累托最优解为（合作，合作），此时各企业的利益为 $\Pi_A = \Pi_B = 3$，社会福利也达到最大值6，然而，在两个区域产业往来过程中，对每一区域都有利的是采取不合作的实现路径。当一方采取竞争对策时，则得益均远大于采取合作的对方。因此，以完全理性为前提的区域产业关系按市场法则所得结果必然是不经济的（1，1），A、B 双方都将选择竞争，也即是（竞争，竞争）是博弈的最终解。

两家寡头企业国际化创新发展中所陷入的“囚徒困境”，实际上是缺少区域产业间的沟通和信任以及政府部门的协调和监管，我们以政府的利益惩罚和补偿为例，为了加强 A、B 企业间的合作，如果政府对采取竞争者将重罚 2.5，而对于竞争方的另一合作方将补偿 2.5，这时，两家企业的得益矩阵如图 8－2 所示。

		企业B 合作	企业B 竞争
企业A	合作	(3，3)	(2.5，2.5)
企业A	竞争	(2.5，2.5)	(−1.5，−1.5)

图 8－2　政府奖惩后两家企业合作竞争收益矩阵图

此时，该博弈只有一个 Nash 均衡解，即（合作，合作），博弈的结果使双方都将得到最大利益，即 $\Pi_A = \Pi_B = 3$，社会福利也将达到最大值 6，而采取竞争方在严厉重罚下无利可图，在利益驱使下，会转向合作，博弈结果达到最优。

经过以上分析，可以得出如下结论：

结论 4：在企业国际化创新发展中，企业自身的市场行为往往不能实现企业间的联合重组，这需要政府有效的奖惩措施等来加以推动。

因此，为了遏制汽车产业中的恶性竞争，加强产业间的合作，不仅需要产业本身间的交流和协调，更需要市场机制之外的政府力量的介入。政府引导本区域产业内竞争企业加强合作，不仅能增强企业自身实力，还能在与国外企业的竞争中获得一定的优势。因此，政府引导汽车产业内的合作或重组会使区域产业有利可图，但这必须要求政府切实采取有效的奖惩措施来加以推动。

8.3 我国交通企业国际化路径中兼并收购策略的提出

我国交通企业在国际化创新发展中也有采取兼并收购策略的情况，但由于国内企业实力较弱，不少企业采取了与国外知名企业进行合作的策略，但在国外市场的争夺中效果欠佳。本节以 Cournot 竞争模型为基础，来分析国际化创新发展中兼并收购策略的具体效用，从而为我国交通企业国际化发展提供策略借鉴。

8.3.1 排他性竞争下的企业兼并收购

假设某区域市场上存在 n 家生产同类产品的企业，行业壁垒较高以致外部企业较难进入该行业。市场的需要函数为：

$P = a - bQ$

每个企业的生产成本为：

$C(Q_i) = cQ_i(i = 1, 2, 3, \cdots, n)$

假定暂时不考虑企业兼并收购后成本的变动。兼并前，每个企业最大化自己的利润，即：

$$\max_{Q_i} \Pi_i = \max_{Q_i} [(a - bQ - c)Q_i] \quad (i = 1, 2, 3, \cdots, n) \tag{8-11}$$

根据一阶条件可得市场的总产量及总利润为：

$$Q' = \sum_{i=1}^{n} Q_i = nQ_i = \frac{n(a-c)}{b(n+1)}, \Pi' = \frac{n(a-c)^2}{b(n+1)^2} = n\Pi'_i \tag{8-12}$$

市场中产品的价格为：

$$P' = \frac{a + nc}{n+1}$$

如果在国际化创新发展中，其中的 m（$m < n$）家企业合并成一个领头企业 Y，则企业 Y 与其余的 $n - m$ 家企业构成 Stackelberg 寡头竞争。企业 Y

首先选择产量 Q_Y，其余的 $n-m$ 家企业则根据领头企业的产量来分别选择自己的产量 Q_i，$(i=m+1,m+2,\cdots,n)$。为了得到该问题的纳什均衡需要借助逆向归纳法来加以求解。

未合并的 $n-m$ 家企业分别追求自身的最大化利润，即：

$$\max\Pi_i^M(Q_Y,Q_{m+1},Q_{m+2},\cdots,Q_n)=\max[(a-c-b(Q_Y+\sum_{i=m+1}^{n}Q_i)Q_i)] \tag{8-13}$$

从而可以得到：

$$\sum_{i=m+1}^{n}Q_i^M=\frac{n-m}{n-m+1}\left(\frac{a-c}{b}-Q_Y\right),\ Q_i^M=\frac{1}{n-m+1}\left(\frac{a-c}{b}-Q_Y\right)$$

领头企业的利润函数变为：

$$\Pi_Y^M(Q_Y,Q_{m+1},Q_{m+2},\cdots,Q_n)=[a-c-b(Q_Y+\sum_{i=m+1}^{n}Q_i)]Q_Y \tag{8-14}$$

根据利润最大化的一阶条件可解得各企业的均衡产量为：

$$Q_Y^M=\frac{a-c}{2b},\ Q_i^M=\frac{a-c}{2b(n-m+1)}\qquad(i=m+1,m+2,\cdots,n) \tag{8-15}$$

该区域市场行业总产量为：

$$Q^M=\frac{(a-c)(2n-2m+1)}{2b(n-m+1)}$$

各企业的利润情况分别为：

$$\Pi_Y^M=\frac{(a-c)^2}{4b(n-m+1)},\ \Pi_i^M=\frac{(a-c)^2}{4b(n-m+1)^2} \tag{8-16}$$

根据上面的结果，可以得出如下结论：

结论5：在企业国际化创新发展中，参与合并的企业其利润大于合并前的利润总和，兼并收购使企业有利可图；而对于未参与兼并行为的其他 $n-m$ 家企业来说，当满足 $m\geqslant\frac{n+1}{2}$ 时，其产量和利润都大于之前的情况；而当满足 $m\leqslant\frac{n+1}{2}$ 时，兼并收购使得行业的总产量增加。

容易证明：$\Pi_Y^M\geqslant m\Pi'_i$。

当 $m \geqslant \frac{n+1}{2}$ 时，$Q_i^M \geqslant Q'_i$，$\Pi_i^M \geqslant \Pi'_i$ $(i = m+1, m+2, \cdots, n)$，这说明，对于未参与兼并收购的跟随企业在市场竞争中存在“搭便车”情况。

当 $m \leqslant \frac{n+1}{2}$ 时，$Q^M \geqslant Q'$，行业总产量大于兼并后的情况。

8.3.2 规模成本递减下的企业兼并收购

事实上，汽车制造行业存在着较明显的规模经济情况，合并后的企业具有较低的边际成本。这里可作如下假设：

（1）该区域市场上存在 n 家企业，其产品的市场需求为 $P(\sum_{i=1}^{n} Q_i)$，成本不仅与产量有关，还与企业的资产规模 F 有关，即成本为 $C(Q_i, F)$。

（2）合并企业满足规模成本递减，即 $\sum_{i=1}^{m} C(Q_i, F) \geqslant C(\sum_{i=1}^{m} Q_i, mF)$。

合并前各企业的利润水平为：

$$\Pi''_i = P\Big(\sum_{j=1}^{n} Q''_j\Big) Q''_i - C(Q''_i, F) \quad (i = 1, 2, 3, \cdots, n) \tag{8-17}$$

合并前企业古诺竞争下的纳什均衡的必要条件需满足：

$$P\Big(\sum_{j=1}^{n} Q''_j\Big) + \frac{\partial P\Big(\sum_{j=1}^{n} Q''_j\Big)}{\partial Q''_i} Q''_i = \frac{\partial C(Q''_i, F)}{\partial Q''_i} \tag{8-18}$$

企业国际化创新发展中，其中的第 1 至 m 家企业合并成一家企业 Y，则合并后的企业利润为：

$$\Pi_Y^M = P\Big(\sum_{j=1}^{n-m+1} Q_j^M\Big) Q_Y^M - C(Q_Y^M, mF) \tag{8-19}$$

剩余的未合并企业的利润为：

$$\Pi_k^M = P\Big(\sum_{j=1}^{n-m+1} Q_j^M\Big) Q_k^M - C(Q_k^M, F) \quad (k = 2, 3, \cdots, n-m+1) \tag{8-20}$$

企业 Y 和未合并企业的利润最大化条件分别为：

$$P(\sum_{j=1}^{n-m+1} Q_j^M) + \frac{\partial P(\sum_{j=1}^{n-m+1} Q_j^M)}{\partial Q_Y^M} Q_Y^M = \frac{\partial C(Q_Y^M, mF)}{\partial Q_Y^M}$$

$$P(\sum_{j=1}^{n-m+1} Q_j^M) + \frac{\partial P(\sum_{j=1}^{n-m+1} Q_j^M)}{\partial Q_k^M} Q_k^M = \frac{\partial C(Q_k^M, F)}{\partial Q_k^M} \quad (k=2,3,\cdots,n-m+1)$$

(8-21)

在满足规模成本递减情况下，根据合并前后的利润状况可以得到如下结论：

结论6：在企业国际化创新发展中存在规模经济的条件下，参与合并的企业其利润大于合并前的利润总和，兼并收购使企业有利可图。

证明：这里主要比较合并后企业 Y 的利润变化情况。

$$\begin{aligned} \max\Pi_Y^M &= \Pi_Y^M(Q_Y^M, Q_2^M, \cdots, Q_{n-m+1}^M) \geq \Pi_Y^M(\sum_{j=1}^{m} Q''_j, Q''_{m+1}, \cdots, Q''_n) \\ &= P(\sum_{j=1}^{n} Q''_j)\sum_{j=1}^{m} Q''_j - C(\sum_{j=1}^{m} Q''_j, mF) \\ &= \sum_{i=1}^{m}\Pi''_i + \sum_{i=1}^{m} C(Q''_i, F) - C(\sum_{i=1}^{m} Q''_i, mF) \geq \sum_{i=1}^{m}\Pi''_i \end{aligned} \quad (8-22)$$

因此，合并后企业的利润水平增加，结论得证。

8.3.3 兼并收购策略对我国交通企业的启示

通过上面的分析可以得出以下结论：①只为获得更多垄断势力而合并的企业可能会盈利；②追求规模收益是企业合并的动机之一。当然，这些结论是在数量竞争以及产品同质化前提条件下得出的，但这符合企业的实际情况。

通过上面的分析可以看出，我国交通企业国际化创新发展，扩大自身生产经营规模将成为国际化创新发展的一种趋势，且同时通过企业间兼并收购和资本集聚方式可以减少在国际市场上的竞争对手，从而获得市场垄断优势。当前，企业面对的市场已不是单纯的国内市场，而是国际市场。并且，我国巨大的汽车市场需求也是发达国家海外的主要市场，我国本土企业与其竞争，实力明显偏弱。到目前为止，我国仍无一家企业在国外发达国家市场占据主导位置或具有较强的影响力。

企业要扩大生产经营，只靠自身积累在很大程度上是远远不够的，需要进一步加快资本整合集聚的步伐，即通过企业间的兼并收购扩大规模，获得市场资本。

而纵观国内汽车市场的激烈竞争情况，国内自主品牌汽车的竞争优势较少，难以抵御国外大型企业的冲击，这需要由政府主导、企业参与的行业兼并重组，以尽快形成国内市场上的优势企业，从而才能更多地去参与国外市场的生产和经营。

显然，我国企业先国内、后国外的兼并重组道路已显得格外紧迫，这不仅与国外知名企业对我国市场的紧密结合有直接关系，也与国内企业发展较晚、技术储备不足有关。

8.4 基于技术创新的我国交通企业国际化创新发展的实现路径

上面分析了我国交通企业国际化创新发展的进入模式选择，虽然竞争日益激烈，但在国际市场上仍有较大的发展机会，特别是那些发展中国家市场、落后的区域市场。而对于欧美等发达国家市场，由于其需求量大、经济发达，将会成为世界各大企业同台竞技的舞台。但不管如何，对于我国企业来说，在国际化创新发展的道路上，必须清醒地认识到自身的特点和不足，熟悉国内外市场环境，从而采取适合自身的实现路径。

根据前文讨论的我国交通企业国际化发展现状及环境等相关情况，我们从路径方针、具体路径措施、路径转型三个方面探讨其具体的国际化创新发展路径体系，如表8-1所示。

表 8-1　我国交通企业国际化创新发展的路径体系

路径方针	具体路径措施	路径转型
(1) 立足国内、放眼全球； (2) 通过“绿地投资、国际并购”做到“优势互补”； (3) 以“建立技术创新体系，掌握核心技术”为核心，以品牌自立为目标。	(1) 进入细分市场，寻找新利润增长极； (2) 开发新概念和个性化技术创新的销售； (3) 品牌自主是突破国际企业技术制约的根本出路； (4) 适应市场发展，寻找新的销售模式。	(1) 从订单拉动产品到市场拉动产品、产品拉动市场； (2) 从关注国内同行业到关注国际同行业； (3) 从重视销售数量到重视销售质量； (4) 从资源配置的订单导向到资源配置的规划与市场导向； (5) 从产品本身销售到营销组合销售。

8.4.1　我国交通企业国际化创新发展的路径方针

自从我国加入 WTO 以来，伴随经济的发展、全球化的深入，我国交通业积极在国际市场上参与竞争，促进中国经济和世界经济的融合。

我们不能过度依赖跨国公司的经验，要想提高我国交通企业的国际化水平，必须结合我国的国情和自身的优缺点，并充分进行自我剖析，才能找到适合的发展途径。

随着我国企业快速融入世界经济体系，区域经济联合体之间的竞合也逐渐加大。对于我国企业而言，应主动实施国际化战略，构建国际化产业群，创建一个支持国际化的功能平台。企业之间应加强分工，以实现最大利益。在改善服务体系，发展国际品牌的过程中，应尽快形成产业集群。价值链需要与该地区以外的企业互动，并将它们整合到全球价值链中的一个或多个链接中，通过更改自身的价值和组织方法来提高产品性能，促进价值链的改造。政府应鼓励企业重组，保持领先企业与跨国公司之间的紧密合作，鼓励科技公司在海外上市，并着力提高公司的国际运营能力。我国企业在近些年发展中不断并购国外公司，并购可以增强企业规模和实力。企业通过学习先进的管理经验，利用并购带来的资源优势，可提高抗击市场风险的能力。

1. 要做到“立足国内、放眼全球”

针对我国汽车市场的巨大消费潜力，根据前文的分析，我国交通业实施国际化创新发展的基本对策应是“立足国内、放眼全球”。“打铁还需自身硬”，我国汽车企业要想在国际化舞台上大展拳脚，就必须使自己在国内处于领导地位，国际化拼的是企业的综合实力。例如，微软、IBM、诺基亚等，他们都是行业内的领头羊，然后再去开拓国际市场。所以，企业在进入国际化之前，在自己的国家必须处于一个行业领先的位置，这样的话进入国际市场就会轻松许多[169]。

企业在做好国内市场的同时，从长远发展的角度来看，无论企业现在是否已经进入国际市场，企业的整体战略和发展规划都应充分考虑国际市场。国际市场是一个引导仪，企业要对国际市场的相关信息进行深入研读，从而制定企业长远的战略规划，包括研发、营销、服务等各个方面。在此过程中，企业必须深入学习国际市场营销规则，实施“以理念创新为前提和先导，以科学技术创新为根本基础，以提高产品质量和服务为核心，以产品和消费者的创新驱动方式为突破，以管理创新为保障”的全方位营销创新思路，以提升其国际市场竞争力。

2. 要通过“绿地投资、国际并购”做到“优势互补”

对于目前市场需求大、尚未完全发展的国外市场，可以采取在国外自主建厂，在当地生产、销售；对于贸易壁垒小的非自动化汽车制造商和企业，由于其市场组织管理要求更高，应推行本地化的销售策略；对于零部件销量相对较小的发展中国家和地区的市场，应该采取进出口贸易、边境贸易等手段，推进零部件的组装和出口。例如，我国新能源电动汽车的国际化战略进程可通过以下路径实施：一是通过绿地国际项目对外投资并与国际企业合作开展并购。绿地的海外投资模式是泛指一些中国绿地企业通过绿地出口到其他国家投资建厂。比如，奇瑞在巴西一期建设项目成功获得项目总投资 1 亿多美元，一期项目每年生产 5 万辆，二期项目每年生产 15 万辆。二是进行国际性并购。成功的案例如吉利并购沃尔沃，并购后沃尔沃的资产评估价值已经超过15亿美元，其中包括了自主的知识产权、产能以及覆盖全球的网络和技术人才，特别是4000多名具有较高素质的研发和管理人员[170]。

综观近年来世界大型企业国际化市场竞争的演变过程可以发现，强强联合已经占据企业国际化市场的主导地位，即所有从事国际化战略合作的各个方面都取得了相当大的市场份额，双方都拥有较为雄厚的资金保障，双方凭借自身的资源、先进技术、管理水平、市场等优势，通过强强联合，补充了对方的不足，合作之后，企业的实力更加明显，具有了较为强势的市场地位和核心竞争力，是市场领导者，虽然也会受到同行业的竞争[171]，但双方合作以后，利用双方的优势共同开发新产品，提高了市场占有率。

3. 以“建立研发机构，掌握核心技术”为核心，以品牌立足为目标

在海外设立研发中心，“借脑”发展是企业取得国际化创新发展成功的一大因素。“借脑”发展能够增强海外国际化市场竞争力。如2003年，重庆长安在意大利都灵地区建立海外设计技术研发中心，2006年正式成立长安欧洲汽车设计技术研究开发中心。

当前，我国大多数汽车制造公司生产的是中低端品牌的汽车，面对市场规模的扩张，利润却快速减少，多数汽车公司应加快建立自己的技术和研发机构，要努力通过技术创新进入中高端市场，要为企业开拓新的利润增长点。当前投资热潮虽然加剧了汽车业的竞争程度，但是也解决了融资问题，企业只要拥有大量的人才和资金就可以通过研发掌握汽车生产的核心技术。

与之相对应，从相关市场分析报告中我们得出，我国的汽车主要出口到中东、非洲、南美洲等国家，而出口到欧美国家却很少，这与欧美国家对我们出口汽车的高质量标准有很大的区别。作为我国本土的汽车厂商，长城汽车在2010年定位于欧美市场，国内销售额与出口总额达到相对等的水平。长城汽车之所以有信心进军欧美市场，是其拥有先进科学技术作为支撑，各种专用的实验检测测试房达到了国际一流水平，试验中心、测控中心、模具中心等在国内各类企业很少见；拥有国内最大的仿真环境污染物排放实验室、先进的引擎与发动机研究实验室、汽车与碰撞实验室以及路径测量实验场[174]。

我国企业实施“走出去”战略，国际市场战略布局不是什么大惊小怪的

事情，出口和国际化并不是画等号的，真正的国际化应该是在市场上有主动权。

欧盟认证绝没有一劳永逸，努力加大对欧洲的出口量才是我国汽车出口的主要发展方向，从亚非不断地向欧美转移，代表着我国中小型汽车企业正在向国际化发展方面拓展，对于数量的追求已经转变成了质量上的追求，从亚洲、非洲和拉丁美洲的汽车销售量扩大到了包括欧盟27个国家在内的整个全球市场，这不仅是长城汽车的战略目标，还是中国汽车企业未来发展的方向[175]。

当长城汽车开始迈向欧美市场的时候，这并不仅仅代表着企业层面的国际化发展，更是我国汽车行业美好的发展希望[176]，说明我国汽车正在向高端市场迈进，而不是仅仅停留在低端市场，这对于我国汽车企业来说是一个大的进步。

对于汽车这种直接消费品来说，通过产品的品质和技术的先进性传递品牌信息是终极解决之道，单靠广告宣传无法增强品牌的美誉度和消费者的忠诚度。我国汽车产业要想在国际市场上大显身手，必须依靠先进的技术和优良的产品质量，要把重点放在技术、质量、性能等方面。加大产品的研发资金支持力度，维护好品牌形象，用更好的产品质量和优秀的服务打动消费者，打造自己的品牌，实现全球化。而对于出口到新兴市场的产品，一定要重视服务、维修、零部件以及其他相关的资源和基础平台建设，并提前做好相关工作，深入了解当地市场和法律，防止贸易摩擦。

8.4.2 我国交通企业国际化创新发展的具体实现路径

为了实现企业的国际化创新发展，除了上面的战略对策外，更需要具体的策略措施。换句话说，需要对我国交通企业实施国际化创新发展进行具体分解，这里提出以下几点策略：

1. 切入售后服务市场，找寻利润增长点

目前，国内汽车总销售额中汽车制造商的权重比例仍然偏大，而售后服务行业占汽车总销售额的权重比例相对较小，各类新能源汽车售后服务在各方面的综合竞争力亟待不断加强，汽车的售后服务仍然还存在一个接近 10% 的快速持续上升增长空间。近 5 年来，我国新能源电动汽车相关装备技术制造业一直以平均 24.5% 的增长速度继续保持高速平稳增长，2010 年我国汽车市场保有量达到 7000 万辆。作为我国新能源电动汽车的后市场产业结构的重要构成组合和有力补充，我国发展新能源电动汽车“后市场”与国际领先市场的发展规模和市场发展水平之间仍然还存在着较大的差距。也就是说，通过扩大服务点和服务内容的深度和广度，它能获得长期的信任和客户支持，提高了客户忠诚度，增加了汽车用户对深层次服务的依赖，并通过实施优化市场结构性战略，形成市场竞争优势。

2. 开发新概念和个性化技术创新模式

随着汽车成本的上升和车价下跌，企业要想获得更多的利润，还得靠营销的宣传。现在汽车行业的营销大体是以满足家庭需求为主，那么下一步就是个人的需求，消费者看重的是汽车的性价比和服务，例如，前些年奇瑞 QQ 的销量持续走高就是因为企业进行了个性化的定位[179]。未来市场的发展趋势也是满足个人的个性化需求，生产者应时刻关注市场的动态变化，方可占得先机。打造我国交通业的新概念和个性化，需要明确国际化的服务对象，近期是面向日本、韩国等东南亚国家，远期面向俄罗斯及非洲其他国家。打造交通业高端产品的国际化。可利用近海区位优势，打造国际化的海洋生产服务中心；或打造证券交易中心、金融服务中心；或创新政策，积极支持人民币离岸金融中心和跨境投融资中心或布局高端服务业集聚区建设。打造高效服务区。在保税区内逐步推广自贸区试点或创新政策；或打造时尚文化展示平台；或打造沿海创新产业“硅巷”；或打造服务区电子第一街；或打造服务区国际综合型商务街区；或打造国际电子信息产业区；或打造沿海服务区工业园，打造国际交通业服务专区。

3. 品牌自主创新是企业在技术上突破国外企业限制的一条根本途径

吸引外资并与国外企业合作的初衷是为了学习并掌握国外的先进科研技术与经验。但当前中国的汽车厂商未能完全实现该目标，并且中国市场上出现了一个尴尬的情况：外国品牌的车型占据了中国市场的主导地位，国产品牌的发展相对困难。当前人们更加期待自主汽车品牌的发展。企业也有能力生产出满足消费者要求的高品质、优良的产品。中国的汽车工业经过多年的发展，具有一定的基础和规模。将其从外国公司的装配厂转变为真正的汽车制造商[180]，然后在国际市场上占据一定地位。再加上投融资支持，如大额质押存款、债券融资、股权融资、风险投资、众筹融资、预期收益融资、银行贷款、政府支持、租赁融资、产权融资、招商引资等，除了以上融资方式外，还有下列几种融资方式：

（1）PPP模式：指政府与私人组织之间，为了提供某种公共物品和服务，以特许权协议为基础，彼此之间形成一种伙伴式的合作关系，并通过签署合同来明确双方的权利和义务，以确保合作的顺利完成，最终使合作各方达到比预期单独行动更为有利的结果。

（2）BOT模式：指建造—运营—移交模式，其最大的特点是因获得政府许可和支持，有时可得到优惠政策，拓宽融资渠道。其有多种演变方式：BOOT、BOO、DBOT、BTO、TOT、BRT、BLT、BT、ROO、MOT、BOOST、BOD、DBOM和FBOOT等。

（3）PMC模式：即项目管理承包，指项目管理承包商代表业主对工程项目进行全过程、全方位的项目管理，包括进行工程的整体规划、项目定义、工程招标、选择承包商，并对设计、采购、施工、试运行进行全面管理。

4. 适应市场发展，寻找新的销售模式

尽管在销售市场中4S商店的营销和零部件模式正在有所下降，但4S商店的服务模式以及高品质的产品适应了当前中国广大消费者的需求，即4S商店能够展现其价值和主导地位。4S商店的优点不是其规模，而是其完善的服务功能。《汽车品牌销售管理办法》批准了对汽车品牌的相对垄断政策：汽车营销将更多偏向于品牌垄断，而其他营销方式则在一定程度上会被限制和压缩[181]。因此，除了4S商店外，我们可以拓展新的汽车销售业务模式，例如，销售和服务按照劳动分工划定，汽车服务美容也将被分离出来等。

8.4.3 我国交通企业国际化创新发展的实现路径转型

目前，正值国内企业由简单的国际贸易向销售模式、营销模式转型时期，以后的3—5年内都将在国际化营销的初始阶段徘徊，会有很多的成功或失败案例，可以让我们去调整与反思。

当前，很多企业都在进行出口转型和国际化创新发展，比较流行的是从贸易到营销的战略转型，这里，我们将其称为“国际化创新发展的策略转型”，从而能够很好地说明我国交通企业国际化创新发展的策略转变情况。

1. 从订单拉动产品到市场拉动产品、产品拉动市场

在之前的销售模式中，主要运用价格工具，中间商需要什么产品就卖什么产品，从来不考虑对方的网络布局、发展能力以及是否与相关国家的主流需求相符合，因此卖方价格谈判的空间很小。

在产品需求上，主要是以订单的需求为主，没有完全考虑是否全面适应该地区，产品订单较多，不同代理商、不同订单、不同车型均会导致产品设计变更，使得公司资源分散、重复性开发较多，企业疲于应付，研发工作效率对销售开发工作影响较大。

当出口企业开始有意识地研究市场后，企业会比较系统地提出相对清晰的产品需求概念来指导产品改进或开发，走向由市场需求拉动产品改进阶段，但是此阶段仍然解决的是生存问题而不是后续发展问题，而且当把目标市场的产品需求汇总后，就会发现这些需求涉及车型分散、涉及项目非常繁杂且没有任何主线，没有大量的人力、物力投入是很难完成的，且完成后可能会发现尽管满足了需求但却没有市场竞争力[182]。

在具体的产品实现路径实施中，首先应系统地分析外部市场需求，然后根据自身资源进行未来产品的发展规划，找到产品发展主线与对应目标市场，然后在产品的发展主线上进行市场需求与功能的强化，同时渗入产品实现路径，进行预判性产品开发，使产品开发成果不仅满足市场需求而且具有竞争优势，形成产品拉动市场局面。具体的策略实施如图 8 -3 所示。

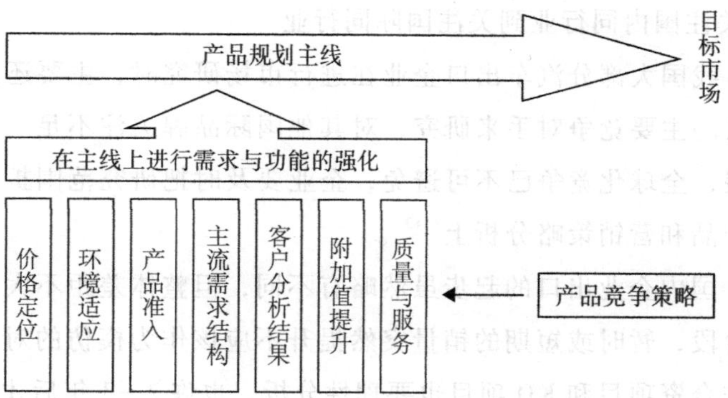

图8-3 企业出口产品实现路径

企业在具体策略实施过程中需要注意以下几个细节：

一是产品规划中的汽车配套部件设计标准与供应商选择要具有前瞻性与一定时期的稳定性，避免车辆上市后由于认证要求又要重新选择供应商或开发新零部件，再者由于部分产品认证要求不能对汽车零部件供应商或设计随意变更，因此产品规划要将这些体现出来，这与国内市场有些不同。

二是价格定位不能只参考或考虑国内竞争企业，应以国际品牌企业的竞争车型为主要标杆，把国内企业竞争车型作为参考，前瞻性地把自己置身于国际竞争环境下去思考问题。

三是梳理出各目标市场未来的主销车型，然后在此基础上进行产品各项需求设计，没有产品策略和区域规划的产品销售是短期行为，无法在产品基础上有力展开其他营销组合。

四是产品实现路径的结合，其是整个策略的关键部分，包括产品差异化、与竞争对手的差异、建立核心竞争优势，这是基于产品定位与市场定位后的关键步骤，需要头脑风暴以及各级参与者仔细讨论后形成。

五是在每个目标市场单元的进入前期，要找到产品切入的拳头产品，找到最有效的突破点，简化产品线组合，然后聚焦营销资源以支撑营销策略完成作业计划。

显然，这些具体策略相互支撑，且都是围绕产品的规划主线对产品所进行的强化，在它们的共同作用下产品才可能适应所针对的目标市场。

2. 从关注国内同行业到关注国际同行业

目前，我国大部分汽车出口企业在进行市场研究时，主要还是把国内企业作为自己的主要竞争对手来研究，对其他国际品牌关注不足。而随着竞争态势的发展，全球化竞争已不可避免，企业要及时把研究范围扩大到国际品牌的相关产品和营销策略分析上[183]。

首先，国内企业出口的起步虽然略有不同，但整体差距不大，均处在初期的摸索阶段，暂时或短期的销量突然提升不应该作为模仿的对象，并且对热门的合作合资项目和KD项目也要理性分析，也许2—3年后才能看到真正的胜利者。

其次，企业在探索的时候，要快速确立自己的核心竞争力，眼光向前看，不要只看同行，要开阔眼界，与更强的竞争对手相比才能使自己变得更加强大。

最后，从全球竞争角度来看，国内企业出口销量总和在全球市场份额中占比很小，企业间的内部竞争对提高海外目标市场占有率没有意义，只有大家力往一处用，才能形成我国交通业品牌国际影响力。

3. 从重视销售数量到重视销售质量

在产品出口贸易主导时期，国内出口企业非常重视出口数量、订单数量并引以为傲，掌握部分贸易渠道并有一定销售经验的贸易精英也因此成为企业重点人才而备受青睐。

在属于大型工业品的汽车营销领域，在出口营销导向时代，这类人才在企业必须努力提升自己才能立足。企业不会再因几台订单就进行简单的价格折让而不顾盈利水平，也不想看到有了这批订单却不知道下批订单在哪、在什么时候，也不会因为你有更多贸易资源而对你倍加尊敬，企业重视的是逐步形成有稳定、有计划、有周期性、有预见性的良性订单销售与渠道管理体系[184]。

如果以后还想在汽车制造企业的国际公司销售岗位上立足，而不是纯粹的外贸公司，那么请不要把那些简单的联系人和Email等看得太重，企业如果想开发某一国家或市场，可能会派团队考察评估当地市场与销售渠道进而形成立体的进入策略，而不是简单地发Email那么简单，需要尽快提升的是营销意识与渠道开发管理能力、渠道运营分析与提升能力、商务谈判能力、政策组合沟通而非简单价格交涉能力、市场推广的专业知识、对汽车本身及企业更为深刻的了解和认知能力。

4. 从重视生存（订单销售）到开始重视发展（规划与策略）

在一般情况下，国内企业的海外营销团队的发展历程均是在国内营销公司中设立海外销售部，然后逐步发展成立国际公司[180]，在此过程中，优先发展的始终是销售团队，然后再成立市场部。

比如，在市场部刚刚成立的时候，即使从销售部抽调人员进入市场部，他也很难为市场部提供市场信息和发展方向。

当竞争不激烈且有许多市场机会时，销售人员将扮演全能终结者的角色，就像狼一样，依靠气味和视线做出决定。企业层面的生存在于捕捉订单，关注的是当下[185]。公司将逐渐发现情况已发生变化：在公司需求不断增长的情况下（如销售增加但利润下降），公司之间的差距扩大了，回头客减少了，客户投诉也越来越多。

销售部关注销售队伍建设与销售目标的达成，市场部主要负责营销组合策略，它们存在较多的不一致。一是时间观点不同；二是目标不同；三是对于营销型导向的企业，必须取得市场部与销售部之间的最佳平衡与相互辅助等共同发展的局面。当然，销售部更关注销售渠道商，市场部更关注终端使用客户的需求和感受。

为了确保企业在国际化创新发展中的长期发展性，根据经验，市场部应包含四个主要职能[186]：一是产品市场。负责企业新产品的开发和现阶段产品的改进，在未来 1—3 年里，向市场推出什么产品，主要在于新老产品的研发和维护；二是细分市场。负责现有产品的推广，包括产品细分市场的定位和价格策略、实现路径和细分市场开发等，负责市场信息的研究分析反馈；三是市场推广。负责新老产品的具体宣传活动，如推广策略等，激发市场需求，与市场有效沟通，形成清晰的品牌区隔[187]；四是销售支持。向销售渠道提供支持与管理，如产品认证、竞争分析、销售技巧等。

5. 从资源配置的订单导向到资源配置的规划与市场导向

在出口贸易型主导时期，研发、人力、生产、投资等公司资源的配置主要以订单导向完成，当订单确定后，才开始组织各部门进行可行性评估并部分立项开发，其结果必然造成项目开发周期短，投资回报不理想，无法全方位地推动市场销售。

在营销型出口策略主导时代，资源配置是基于市场规划落地的，而市场导向是制定市场规划与开发策略的原则，因此资源配置是最终按照市场导向需求来执行的[188]。

根据操作实践，市场规划其实就是对目标市场的再次细分并且进行分级，根据分级不同采取不同的开发策略和资源配置原则，在此基础上形成的作业计划结果才会有效推动最终订单的达成。

6. 从产品本身销售到营销组合销售

在前几年的贸易时期，卖方与买方之间交易的主角是产品本身，主要在配置与价格、付款条件、交货周期等要素上进行交涉与妥协，注重单批次交易，卖方与买方是简单的上家与下家的关系，就是那些仅有的几家达成良好合作关系的代理商资源也主要是由于销售经理的个人魅力或其他因素促成的[189]。对公司的长期合作忠诚度不高，往往因为业务人员的离职而失去联系，这又造成了企业对优秀贸易经理的高度依赖。

在营销转型时期，单纯的产品销售比例开始减弱，营销组合销售开始出现，主要体现在以下几个特点上：一是在合作谈判中，卖方开始要求买方编制商务计划，要体现出1—2年的市场开发计划及资源投入，开始重视市场的长期开发和持续销售；二是买方将自身产品改进纳入到自身资源投入中去，主动进行市场研究和自身产品的竞争力策略设定，并与对方就产品的价格和策略展开讨论协商，开始发出自己对市场的看法和声音，对产品价格的设定有自己的主见；三是在合作商务谈判过程中，不再单纯进行产品价格本身的谈判，开始将市场推广支持、渠道建设支持、金融工具支持、产品联合开发设定等组合政策纳入谈判中并体现在协议中，将触角延伸到终端销售市场，对市场销售前端开始进行不同程度的控制。

在售后服务方面，其前几年处于边缘化地位，即有了问题再着手且平时少于关注，造成客户抱怨较多，买卖双方合作关系不稳固，甚至影响市场销售或退出部分市场；服务政策纳入产品销售成为产品组合策略，开始关注售后服务对产品销售甚至品牌认知带来的持续的、巨大的正面提升作用。在营销转型过程中，售后服务团队人数会迅速上升，对配件供应及时性与准确率、服务三包业务的快速响应、终端市场的售后技术支持都得到了极大改善，在双方洽谈合作初期就服务项目展开充分讨论并达成一致，且在终端市场就举办有关售后服务促销推广展开积极行动[190]。

显而易见，国际化创新发展下的产品竞争实际上是一条从产品本身销售到营销组合销售的转变之路，关键是看谁能够有效地缩短其中的进程。

8.5 我国交通企业国际化创新发展成功案例

本书选择两家汽车产业自主品牌企业，总结其已经取得的国际化创新发展的成功举措，从而为我国交通业国际化创新发展提供借鉴。

1. 奇瑞汽车公司

在我国交通业“引进来”、“走出去”发展战略中，占据国产汽车出口份额 40% 的奇瑞汽车无疑承担了自主品牌发展的更多责任[120]。

奇瑞拥有对成功的强烈向往和渴望，拥有敢想敢干的爱心和精神。1997 年，奇瑞的工业厂区仍然是一片荒地和一片鱼塘时，奇瑞领路人尹同跃在四面漏风的小草房中和全体同事一起畅谈，热议有一天奇瑞能够一步步走出国门。

当前奇瑞自主研发和生产的奇瑞汽车已经卖到了国外，并且，奇瑞开始在国外投资建立自己的生产基地。自 2001 年 7 月以来，在对奇瑞汽车进行系统审计之后，skt 公司充分考虑了奇瑞的发展前景，并最终决定通过利用奇瑞汽车的综合实力开始其在汽车领域的发展。经过一年多的资格审批和严厉的检查，该工程于 2002 年底成功地获得了伊朗政府制造和出售工业产品的许可。奇瑞于 2003 年 2 月在伊朗东北部马什哈德省建立了一家汽车组装工业基地，该工业基地主要有四个大环节：冲压、焊接、涂装和最后组装。值得注意的是，奇瑞出口的这家组装工厂主要都是基于中国自主制造的机械，所有中国生产制造车间首次被移至国外。在成功地实施了伊朗联合工厂建设计划之后，由于与 ckd 的密切合作，奇瑞已经在委内瑞拉和巴基斯坦设立了自己的工厂。

奇瑞将继续保持开放和技术创新，打造其自主品牌和国际知名品牌。尹同跃经常说，无内部就不稳，有外部就不强。内，就是我们在国内的市场；这是企业发展的根本，没有在国内和地方的市场，企业极不稳定。外，就是时刻憧憬着的国际市场。当时，在国内生产和销售的奇瑞已经步入了前四行列，并且坐稳了中华民族自主品牌第一把交椅。此时奇瑞公司开始全力投入资金向国际市场迈进，接受发达国家和地区市场的考验。奇瑞凭借其产品质量迅速占领俄罗斯、马来西亚、中欧、南美等几大大型市场。奇瑞在首次提出“出口第一”口号时，许多人还认为其不知道天高地厚。

俄罗斯拉达轿车和奇瑞轿车合作日渐紧密，越来越多的俄罗斯轿车开始给自己装上“中国心”。随着奇瑞的发展，其引擎和发动机技术含量也越来越高。

奇瑞汽车作为一家独立自主企业，到了 2017 年，奇瑞汽车的国际化发展道路越来越明朗：与其他外国企业的合作将会大大提高奇瑞汽车的品牌声誉和质量，并为其进入发达国家市场打下基础。奇瑞仅在 2017 年第三季度就已经拥有许多其他的合资项目，每个合资者的能力都非常强大。这其中就包含欧洲的菲亚特公司、伊朗霍德罗汽车公司（Iran Khodro）等，和奇瑞牵手的许多公司是全球 500 强企业。

在整个奇瑞合资企业中，我们可以看到许多合资项目让人们觉得有些“混乱”。但一系列看似“混乱”的合资企业背后就是奇瑞的国际化战略。可以说，在当前国际市场竞争激烈的形势下，奇瑞通过各种方式和手段开展了自己的“圈地”运动，通过出口确保自己在国内的市场份额，奇瑞汽车正在进一步扩大自己的国外市场份额，还在全球范围内展示了中国的技术、品牌和文化。

2018 年，奇瑞公司旗下新开发的威麟 x5 代表中国在国际比赛中精彩亮相。两辆威麟 x5 报名参加达喀尔拉力赛。在这项全球最艰苦的著名赛事上，威麟 x5 不仅顺利地完成了全部赛程，还在 140 辆参加比赛的赛车中，超过了许多来自世界各地的知名赛车，最终以第 28 名、第 29 名的不俗成绩，给奇瑞汽车交出了一份令人满意的答卷。对于一个有野心去拓展国际市场的企业来说，通过参与各种国际比赛提升自己企业的品牌，这可能是一个很大的机会。通过这次汽车拉力赛，不但能够找出自身和竞争对手之间存在的差异，还能够利用这次赛事来检验自己产品的性能与技术。

奇瑞在国际市场中已经占据了一定的位置，这依赖于它把自己在国内和海外市场上取得的成功经验应用到国际市场上，并且取得了不错的效果。特别是在加强管理团队建设、提高企业管理服务水平、加快科技改革和创新方面。奇瑞正将“中国创造”向世界市场推进。现在，奇瑞在全球市场上表现出我国自主品牌的强劲竞争能力，创下了全球共 37.8 万辆汽车的出口量和连续 7 年在中国市场上获得出口第一名的良好业绩。这对于奇瑞汽车来说，是所有奇瑞人努力的结果，根据奇瑞公司制定的发展规划，我们相信，奇瑞将会在全球市场上拥有更多的版图。

2. 吉利汽车公司

2010 年 8 月 2 日，福特正式将沃尔沃股权移交给吉利。吉利拥有 100% 的股份，这不仅给国内汽车行业并购史带来了一个新的奇迹，也无疑是国内汽车业界并购合作历史上的一个重要里程碑。吉利通过这笔战略收购计划获取了一份十分宝贵的商业财富，其中获得包括沃尔沃注册商标在内的 4 项全球商标拥有权和全球著作物的合法使用权、10 个具有国际化的和可持续发展的汽车产品和销售服务平台、4 家大型汽车专用整车制造工厂、1 家大型引擎专用发动机设计制造服务公司、3 家大型汽车专用零部件设计制造服务公司。

同时，吉利在国际上已经构建起以国内外为战略目标导向的市场和营销管理体系，吉利在国际和商业界提出了未来五年的发展战略计划：吉利在俄罗斯和印尼的 ckd 组装和设备生产成功的启动。

2011 年是吉利集团进一步深化战略性转型的重要一年，吉利将通过3—5 年的时间在实现由国际化战略向整体全球化战略方向转变、由高新技术向高端品质转变、由快速增长发展向稳健持续性发展战略方向转变、由产品线经营管理向整体品牌线经营管理方向转变。首先我们必须重新审视和考虑未来，吉利和沃尔沃两家新能源汽车公司正在努力地取得进步，以便迅速将吉利控股集团改革成为一家具有较高国际影响力和广泛全球市场竞争力的备受尊敬的汽车公司，即全球500强。吉利正在积极参加全球汽车工业的竞争。吉利汽车通过全面引进世界上最先进的制造设备和技术装备，全面引进最先进的生产制造工艺和技术，从而使吉利公司的产品达到国际先进标准并在行业中取得了领导地位，为吉利汽车这个品牌的快速进步做出了巨大贡献。

为了实现这些目标，增强国际化创新发展的竞争力，吉利集团总结并制定了一整套工作规划及经营方案。

在吉利公司的全球战略规划体系层面，通过兼并、重组、协同战略合作等多种方式，逐步构建以整车部件制造为主的全球产品技术研发、国际销售开发、售后服务，实现公司全球核心技术研发、全球产品生产、全球市场营销[121]。

面对新的国际形势，吉利公司的主要管理思想就是进行了两次“改革转型”和两次“改革调整”。2011年吉利集团的发展战略方针是：以服务和用户需求为导向，以品牌建设为根本基础，通过改革创新提高生产效率和产品品质。从市场营销的角度来看，继续完善三个主要子公司品牌的市场定位和产品布局，以创造性地表现出鲜明的市场产品特点和每个子公司品牌特征，努力开拓创新和发展探索汽车租赁、汽车金融和网络电视购物等新型服务，并进一步加速在国际贸易领域向全球发展和转型的脚步，建立国外市场营销组织架构，加快关键市场上的销售服务网络建设，促进新市场的发展，加快国外销售产品线的扩展，根据全球战略规划，有步骤、有重点和有计划地促进吉利全球化战略布局。

从运营和物流管理的角度来看，要做到充分利用可以使用的资源和技术，提高单位劳动力绩效、流程水平、自动化程度，减轻劳动强度，确保质量，降低产品的生产成本和物流成本，提高劳动生产率和提高性价比。专注于推动和促进五个“建设”项目，即创建用于品牌线经营和利润为核心的模型；创建运营机构经济体制管理模型；创建具有充分参与和自主发展能力的独立会计单位，自主成长，依靠集团全体员工的智慧和努力，实现企业的快速发展；进一步完善质量和服务透明度的控制及其激励机制；加强过程控制和严格的审计制度，促进内部风险控制机构和评估体系的形成。

2017 年全世界在电动汽车产品设计制造领域开始有所改变。这给吉利汽车带来了难得的一个时代性和历史性发展契机。2018 年 3 月，吉利丰田在澳大利亚正式收购了 dsi 公司，它将成为目前世界第二大的自动一体变速箱系统制造商，吉利拥有 100% 股权。在其收购 dsi 公司 5 个月后，其已经开始实现盈利。许多国内企业对此非常感兴趣，因为他们的产品同时具备四速和六速前后驱动器。

在企业的人力资源管理方面，吉利始终把对人才的培养放在重要的位置，通过各种招聘方式吸引和聘用人才，如内外部的招聘和校际输送，为公司长期发展和技术突破奠定了良好基础。吉利将继续充分利用自身的优势和教育资源，并与吉利大学和研发机构进行合作，建立内部的人力资源开发系统，建立内部的人力资源数据库，并为吉利的人力资源建设打造一片绿色森林。营造“幸福生活，吉利相伴”的健康宜居环境和文化氛围，实现了较高的人员平均薪酬，为公司发展提供了大量的人力资源和安全保障，树立了吉利优秀雇主的品牌形象[122]。

8.6 本章主要内容

结合我国交通企业国际化创新发展存在的诸多不足以及面临的各种环境，本章探讨了其国际化创新发展的策略选择，提出了我国交通企业国际化创新发展的对策建议，主要包括进入模式、策略方针、具体策略、策略转型等内容。另外，从经济学博弈竞争的角度有针对性地分析了国际化创新发展导致的结果以及解决这种结果的具体对策，并说明了企业兼并收购的有效性问题。

本章的研究工作及成果较为丰富，主要包括：

（1）探讨我国交通企业国际化创新发展的策略选择，提出了我国交通企业国际化创新发展进入模式，即首先通过出口和签约等方式进入国外市场，在获得一定的跨国经营经验后，再考虑引入本地化模式。

（2）提出了我国交通企业实施国际化创新发展的路径措施。在路径方针方面，重点提出了“立足国内、放眼全球”、“绿地投资、国际并购”等；在具体路径方面，重点提出了“进入市场”、“品牌自主”等建议；在路径转型方面，重点提出了“订单拉动产品、市场拉动产品、产品拉动市场”等实现路径，为我国交通企业国际化创新发展提供决策依据。

（3）借助 Bertrand 双寡头模型，得出了企业国际化创新发展会导致产品价格以及利润降低、甚至会造成“价格战”等恶性竞争的结论，给出了联合兼并和产品差异化两种解决对策。并说明了国内企业的联合重组会陷入“囚徒困境”，为此需要政府建立有效的奖惩措施等必要的监管手段来加以规范。

（4）借助 Cournot 竞争模型，从理论上证明了，获得更多垄断势力而合并的企业可能会盈利，企业合并的原因之一是追求收益最大化，说明我国交通企业进行国际化创新发展，通过兼并收购方式可以减少潜在竞争对手，从而获得近乎垄断优势，且同时扩大生产经营规模将成为我国交通企业国际化的一种发展趋势。

第9章 总结与研究展望

9.1 主要工作及结论

本书基于技术创新的视角，围绕我国交通企业的国际化创新发展进行了较为系统的研究。首先对发达国家企业国际化发展历程进行了分析和总结，找出其各自的经验和启示，从而为我国交通企业国际化创新发展提供借鉴；接着分析了我国交通企业国际化创新发展的现状及问题，并通过 AHP 分析法，得出了我国交通企业国际化创新发展不足的现实问题；为了给出较为具体的进入模式和路径策略建议，还对我国交通企业国际化发展的内外部环境因素进行了分析[277]。

本书的研究目的在于为我国交通企业国际化创新发展的规划与实施提供参考和理论依据，帮助我国交通企业尽快进入国际市场，充分利用国际国内双循环大市场，提高我国交通企业管理创新能力和国际竞争力。

本书重点研究了基于技术创新的我国交通企业的国际化创新发展，主要从三个方面展开：一是进入模式，主要研究了不同市场的国际进入模式、影响因素、兼并收购等；二是具体的实现路径，主要研究了路径方针、路径措施、路径转型等内容；三是风险控制，主要研究了存在的风险类型、风险成因、风险控制等内容[278]。

本书系统研究了基于技术创新的我国交通企业的国际化创新发展，在对我国交通企业国际化创新发展现状阐释、面临的环境状况和存在的问题等分析的前提下，提出了我国交通企业国际化创新发展的实现路径。

本书实践性较强，虽然在理论上尚无清晰的成果依托，但在对我国交通企业国际化创新发展的系统分析中，本书取得了较为丰富的成果，主要研究工作及结论包括：

（1）对欧美、日韩等发达国家企业国际化发展历程进行了分析和总结，总结出了发达国家企业国际化发展的经验和启示，我国交通企业要坚持发展自主开发以及完善独立完整的技术创新体系，主动融入国际市场。

（2）建立了我国交通企业国际化创新发展的评价指标，通过 AHP 分析法，分析国际化创新发展的各个构成要素，并对其重要性进行了排序，为评价我国交通企业国际化创新发展提供了具有可操作性的量化方法，并且通过模型的应用说明了我国交通企业国际化创新发展不足的现状。

（3）分析了我国交通企业实施国际化创新发展的内外部环境因素，为我国交通业在国际化进程中充分发挥内部优势、克服外部劣势、利用外部机会以及回避国际化威胁等提供参考和指导。

（4）在我国交通企业国际化创新发展的进入模式和实现路径方面，主要工作及结论包括：

①分析了我国交通企业国际化创新发展，结合我国交通企业国际化创新发展存在的诸多不足以及面临的各种环境机遇，探讨其国际化创新发展下的策略选择，提出我国交通企业实施国际化创新发展的对策建议，并从经济学角度有针对性地分析了国际化创新发展导致的结果以及解决这种结果的具体对策，着重说明了企业兼并收购的有效性问题[280]。

②提出我国交通企业国际化战略进入模式，即首先通过出口和签约等方式进入国外市场，在获得一定的跨国经营经验后，再考虑引入本地化模式[282]。

③借助 Bertrand 双寡头模型，得出了企业国际化创新发展会导致产品价格以及利润降低、甚至会造成“价格战”等恶性竞争的结论，给出了联合兼并和产品差异化两种解决对策。并说明了国内企业的联合重组会陷入“囚徒

困境”，为此需要政府建立有效的奖惩措施等必要的监管手段来加以规范。

④借助 Cournot 竞争模型，从理论上证明了，获得更多垄断势力而合并的企业可能会盈利，企业合并的原因之一是追求收益最大化，说明我国企业要进行国际化创新发展，通过兼并收购方式可以减少自己的潜在竞争对手，从而获得近乎垄断优势，且同时扩大生产经营规模将成为我国企业国际化的一种发展趋势。

(5) 在我国交通企业国际化创新发展实现路径方面，主要工作及结论包括：

提出了我国交通企业实施国际化创新发展的路径措施。在路径方针方面，重点提出了“立足国内、放眼全球”、“绿地投资、国际并购”等；在具体路径方面，重点提出了“进入市场”、“品牌自主”等建议[281]；在路径转型方面，重点提出了“订单拉动产品、市场拉动产品、产品拉动市场”等实现路径，为我国交通企业国际化创新发展提供了决策依据。

(6) 在我国交通企业国际化创新发展的风险防范方面，主要工作及成果包括：

分析了我国交通企业国际化风险形成的原因，为有效防范我国交通企业国际化风险提供了依据。提出了防范企业国际化创新发展风险的对策建议，包括：加强对国际化战略环境的研究，建立风险和预警应急处理机制，以积极的态度面对发生的风险，提高企业员工素质等，为我国交通企业国际化创新发展的风险防范提供了参考建议。

9.2 研究不足及展望

在吸纳学术前辈创新理论和借鉴比较分析的基础上，本书提出了我国交通企业国际化创新发展的实现路径，由于涉及的问题较多，后续还有很多内容需要进一步深化研究和探讨。近年来随着“一带一路”的不断深入，我国交通企业国际化发展日益受到关注，并且随着世界经济一体化的发展也将会出现新的研究课题，本书只是做了初步探讨，还有许多问题需要进一步深度研究。

1. 采用定量化研究工具特别是博弈论方法的分析还不足

不可否认，在竞争分析中，博弈分析模型具有强大的分析和解释能力，且普遍被用于各个方面的竞争研究。本书在我国交通企业国际化创新发展策略中建立的 Bertrand 双寡头模型及 Cournot 竞争模型相对比较简单，对于模型的动态性问题、信息不对称问题等还缺少相应研究。

2. 本书主要是针对我国交通企业进行了一般性研究

本书主要是针对我国交通企业国际化创新发展进行了一般性研究，但不同企业之间差异较大，所提出的实施国际化创新发展的具体进入模式、实现路径、风险防控等还需进一步深入研究。

3. 我国交通企业国际化创新发展的评价体系尚需完善

我国交通企业国际化创新发展评价方法和指标体系还需要进一步完善，一些问题还需要进一步推敲，如评价指标体系能不能真实反映国际化创新发展的真实情况，评价指标体系能否实现与国际接轨，评价指标体系能否实现与国内外企业的直接现实比较等。

另外，由于我国交通企业国际化创新发展涉及面广、实践性强，且不同的企业具有不同的客观现实情况，因此，未来相关的个案研究会越来越多。

参考文献

[1] 李春顶．边际产业扩张理论及对我国交通业国际化的启示［J］．中国西部科技，2004（07）：8－9.

[2] 陈金亮．企业国际化战略［J］．新经济导刊，2006（15）：90－94.

[3] 张磊．经济全球化背景下的自主创新战略［J］．特区经济，2006（10）：8－9.

[4] 秦岚．从跨国公司行为的角度探讨我国承接国际产业转移问题［D］．广西大学，2006.

[5] Lan，P. Technology Transfer to China through Foreign Direct Investment［J］．Regional，1997（31）：669－679.

[6] 宏观经济研究院［EB/OL］．http：//www. amr. gov. cn/fxbgshow. asp? articleid＝412&cataid＝19.

[7] 毕吉耀，张一，张哲人．"十二五"时期世界经济主要发展趋势［J］．中国经贸导刊，2009（09）：23－24.

[8] 毕吉耀，张一，张哲人．"十二五"时期世界经济发展趋势及其给我国带来的机遇和挑战［J］．宏观经济研究，2010（02）：9－12.

[9] 王维工，浦再明．加速长江三角洲经济全球化发展的战略构想［N］．解放日报，2003－01－20.

[10] McKiernan，P. Strategy of Growth：Maturity，Recovery and Internationalization，Routledge，London［C］．working paper，2007.

［11］张磊．我国交通业国际化创新发展研究［D］．厦门大学，2006.

［12］Raymond，V. International Investment and International Trade in the product Life Cyele［J］．Quarterly Journal of Economics，1966（80）：190－207.

［13］黄天华．WTO与中国关税［M］．上海：复旦大学出版社，2002.

［14］史菲菲．我国大学出版社国际化发展现状及对策研究［D］．重庆大学，2008.

［15］李宝峰．我国交通业国际化的战略分析［J］．商业现代化，2003，534（03）：35－37.

［16］樊增强，宋雅楠．企业国际化动因理论述评［J］．当代经济研究，2005（09）：18－22.

［17］Munde，R. The Location of Economic Activity. in J. H. Dunning（ed.）. Economic Ana isand the atonal Enterprise［M］．London：Allen & Unwin，1974.

［18］梁荣亮，过学迅．全球化背景下我国自主品牌汽车国际化发展探究［J］．北京汽车，2008（03）：11－13.

［19］闫向军．我国交通业国际化经营探讨［J］．天津汽车，2006（05）：1－2.

［20］程远．汽车自主品牌出局将是中国产业的“国难”［EB/OL］．http：//auto. ifeng. com/news/domesticindustry/20110813/655720. shtml.

［21］许晖．加速国际化：拓展国际市场战略［M］．天津：天津大学出版社，2003.

［22］程远．自主创新不等于自主品牌［J］．轻型汽车技术，2007（03）：43－44.

［23］孙晓强，苏勇．我国交通业品牌国际化的路径选择［J］．经济管理，2007，29（01）：6－10.

［24］张楠，王淋．用自主品牌打造当时企业的强势地位［J］．汽车工业研究，2007（09）：8－10.

［25］鲁桐．我国交通业国际化战略［M］．北京：经济管理出版社，2003.

［26］Hymer. H. The Intenational Operations of National Firms－A Study of

Direct Foreign Investment [M]. Mass: MIT Press, 1976.

[27] Kindleberger, Charles P. American Business Abroad [M]. New Haven: Yale University Press, 1969.

[28] Buckley, Peter J., and Mark Casson. The Future of the Multinational Enterprise [M]. New York Holmes and Meiers, 1976.

[29] Caves R. E. International CorPorations: the Industrial Eeonomies of Foreign Investment [J]. Eeo'omiea, 1971 (38): 1-27.

[30] C P Kindleberger. American Business Abroad [M]. New Haven: Yale University Press, 1969.

[31] Vernon Wortzel. H. Wortzel, L. H. Strategic Management in the Global Economy. John Wiley&Sons, Inc., USA 1997.

[32] Kojima. K. On the Factor - price Frontier in the pure of lnternational Trade [J]. Hitotsubashi Jounal of Economics, 1978, 18 (02): 62-75.

[33] Johanson J Vahlne J E. The internationalization process of the firm: a model of knowledge development and increasing foreign market commitments [J]. Journal of International Business Studies, 1977, 8 (01): 23-22.

[34] Johanson. J., Wiedersheim-Paul, F. The internationalization of the firm: four Swedish case studies [J]. Journal of Management Studies, 1975, (10): 305-322.

[35] 海闻. 国际贸易 [M]. 上海: 上海人民出版社, 2003.

[36] 大卫·李嘉图. 政治经济学及赋税原理 [M]. 郭大力, 译, 南京: 译林出版社, 2011.

[37] 李晓燕. 国际贸易理论与实务 [M]. 北京: 清华大学出版社, 2010.

[38] 吴先明. 国际贸易理论与国际直接投资理论的融合发展趋势 [J]. 经济学动态, 1999 (06): 33-36.

[39] 黄河. 论国际贸易理论与国际直接投资理论在比较优势下的融合 [J]. 国际经贸探索, 2002 (02): 34-36.

[40] Vernon. R. International investment and international trade in the prod-

uct cycle [J]. Quarterly Journal of Economics, 1966 (05): 190-207.

[41] McKiernan. P. Strategies of growth: maturity, recovery and Internationalization [R]. Routledge. London, 1992.

[42] 沈伯明，河源贵，聂聆，郜晓惠."入世"与中国国际直接投资战略 [M]. 广州：中山大学出版社，2004.

[43] Hymer. S. H. The International Operations of National Firms: A Study of Direct Foreign Investment [M]. Cambridge: MIT Press, 1960.

[44] Forsgren, M. Development of MNC centres of excellence [M]. London: Macmillan Press, 2000.

[45] Paul R. Krugman. Rethinking International Trade [M]. The MIT Press, 1990.

[46] 王志乐. 走向世界的中国跨国公司 [M]. 北京：中国商业出版社，2004.

[47] Johanson. J., Wiedersheim-Paul, F. The internationalization of the firm: four Swedish case studies [J]. Journal of Management Studies, 1975 (10): 305-322.

[48] Penrose, . E. The Theory of the Growth of the Firm [M]. London: Basil Blackwell, 1959.

[49] Johanson. J., Vahlne, J. E. The Mechanism of Internationalization [J]. International Marketing Review, 1990, 7 (04): 11-24.

[50] Hooley, G., Loveridge, R., Wilson, D. Internationalization: procees, context and markets [M]. St. Martin's Press, Inc., New York, 1998: 9.

[51] Welch, S., Luostarinen. R. Internationalization: Evolution of the Concept [J]. Journal of General Management, 1988, 14 (02): 34-55.

[52] Kojima, Kiyoshi. Direct Foreign Investment [M]. New York: Praeger, 1978.

[53] Bodur. M. A study in the nature and intensity of problems experienced byTurkish exporting firms in Cavusgil Advances in International Marketing [M]. Greenwich, Jai Press Inc, 1986.

[54] Vernon Wortzel. H. Wortzel, L. H. Strategic Management in the Global Economy [R]. John Wiley & Sons, Inc., USA, 1997.

[55] Hedlund, G., Aman, P. Managing Relationships with Foreign Subsidiaries [M]. Vastervik: Sveriges Mekan Forbund. 1984.

[56] Buckley, P. J., Ghauri, P. N. The internationalization of the firm [M]. International Thomson Business Press, 1993.

[57] Kojima. K. On the Factor - price Frontier in the pure of International Trade [J]. Hitotsubashi Jounal of Economics, 1978, 18 (02): 62 - 75.

[58] 吴文武. 跨国公司新论 [M]. 北京: 北京大学出版社, 2000.

[59] Buckley, P. J., Casson, M. The Future of the Multinational Enterprise [M]. London: Macmillan, 1976.

[60] Dunning, J. H. International Production and the Multinational Enterprise [M]. London: George Allen&Unwin, 1981.

[61] John H. Dunning and Rajneech Narula. The investment development path revisited some emerging issues, from foereign direct investment and governments, ed by John Dunning and Rajneech Narula, 1996: 2 - 38.

[62] 鲁桐. 我国交通业国际化战略 [M]. 北京: 经济管理出版社, 2003.

[63] 沈伯明. "入世"与中国国际直接投资战略 [M]. 广州: 中山大学出版社, 2004.

[64] 卢进勇, 杜奇华. 国际经济合作 [M]. 北京: 对外经济贸易大学出版社, 2000.

[65] 小岛清. 对外贸易论 [M]. 天津: 南开大学出版社, 1987.

[66] 张磊. 我国交通业国际化创新发展研究 [D]. 厦门大学, 2006.

[67] 刘佐太. 市场竞争论 [M]. 北京: 经济管理出版社, 2002.

[68] 彭绍仲. 企业竞争论 [M]. 北京: 企业管理出版社, 1998.

[69] 于建原. 市场竞争的战略与方法 [M]. 成都: 西南财经大学出版社, 2002.

[70] 杨锡怀. 企业战略管理 (第二版) [M]. 北京: 高等教育出版社,

2004.

[71] 周湘峰，郭艳．基于供应链管理的企业竞争战略[J]．中国市场，2009（15）：34-36.

[72] 李群，马敏象，安华轩．信息技术与企业竞争优势[J]．情报科学，2002，20（05）：51-53.

[73] 林晓．基于生态位理论的企业竞争战略分析[J]．南京林业大学学报（人文社会科学版），2003，3（03）：22-24.

[74] 周亚庆．关于忠诚细分的企业竞争战略研究[J]．企业经济，2007（02）：58-59.

[75] 陈英梅，李春燕．企业战略与组织结构的有效结合[J]．经济师，2004（12）：62-64.

[76] 石盛林，贾创雄．战略管理实践、理论与方法：以企业生命周期为主线[M]．南京：东南大学出版社，2009.

[77] 祁顺生．归核化战略[M]．上海：复旦大学出版社，2002.

[78] 金碚．企业竞争力测量的理论与方法[J]．中国工业经济，2003（03）：42-45.

[79] 金碚．竞争力经济学[M]．广州：广东经济出版社，2003.

[80] 刘志林，胡国松，张红兵．论企业形象与企业竞争力[J]．商业研究，2003（8）：21-24.

[81] 甘翠峰．知识管理和文化管理：企业竞争力的塑造分析[J]．北京工商大学学报（社会科学版），2003（06）：59-61.

[82] 魏杰．提高企业竞争力的制度安排[J]．决策咨询，2004（06）：45-47.

[83] 张守凤．模糊模式识别在企业竞争力评价中的应用[J]．武汉理工大学学报，2003（03）：37-39.

[84] 李卫东．企业竞争力评价理论与方法研究[M]．北京：中国市场出版社出版，2009.

[85] 陈金波．当前中国汽车工业的发展模式问题分析[J]．华东经济研究，2007，21（08）：59-63.

[86] 胡爱民．自主品牌企业的前景描述［J］．汽车工业研究，2007（08）：17－19.

[87] 胡爱民．轿车自主品牌问题研究［J］．汽车工业研究，2006（07）：2－5.

[88] 马钧，范明瑛．自主品牌面临的挑战和发展对策［J］．汽车与配件，2006（25）：14－15.

[89] 王玮楠．自主品牌尚需厉兵秣马再拼十年［J］．世界汽车，2007（01）：8－9.

[90] 徐钟．自主品牌能否修成正果［J］．轻型汽车技术，2007（04）：47－45.

[91] 王乐．自主品牌冲击高级车市能否成功尚有待时日［J］．轻型汽车技术，2007（04）：50－51.

[92] 黄哲睿．全球背景下的自主之路——中国自主品牌汽车出口与企业国际化分析［J］．汽车与配件，2006，24（06）：3 8－41.

[93] John C. Humphrey. 再谈中国自主汽车品牌出口［J］．汽车与配件，2006，2（01）：20－22.

[94] John C. Humphrey. 对中国自主品牌制造商憧憬向欧盟和美国出口问题的建议［J］．汽车与配件，2006，15（04）：16－17.

[95] 刘单丹．中国民营企业的国际化战略模式研究［D］．西南交通大学，2007.

[96] 李惠玲．我国自主品牌汽车国际化营销研究［D］．长安大学，2008.

[97] 田伟．论中国汽车产业的国际化经营［D］．广西大学，2006.

[98] 汲剑磊，江劲骏．把脉中国汽车市场［J］．商业文化，2004（05）：19－22.

[99] 周晓艳．先锋福特4S站CRM研究［D］．西南石油学院，2005.

[100] 陈秋．江铃汽车海外市场战略研究［D］．南昌大学，2009.

[101] 刘学文．从“中国制造”向“中国品牌”的跨越——写在江淮汽车200万辆下线之际［J］．交通世界，2011（01）：18－20.

[102] 万国华．东风汽车公司乘用车业务单元国际化战略初探 [D]. 广西大学，2008.

[103] 张小梅，张骅．从中国制造向中国品牌跨越 [N]. 我国交通业报，2011-01-07.

[104] 许今．中国重汽国际贸易整分合战略研究 [D]. 山东大学，2009.

[105] 刘伟．昌河汽车国际化战略的选择及实施策略 [D]. 合肥工业大学，2007.

[106] 涂莉梅．我国汽车产业的战略联盟发展对策研究 [D]. 哈尔滨理工大学，2008.

[107] 郑兴，张红．2011 年国际政治经济形势展望 [N]. 人民日报（海外版），2011-1-04.

[108] 曾才豪．吉利 2011 年战略目标确定 [N]. 中国工业报，2011-1-14.

[109] 鲍成胜．东北亚中药国际经济技术合作前景及策略研究 [D]. 长春中医药大学，2008.

[110] 易怀胜．乘用车自主品牌战略研究 [D]. 武汉理工大学，2007.

[111] 戴静．中国汽车零部件工业企业国际化成长的动因及模式研究 [D]. 中南大学，2007.

[112] 江淮探索由中国制造转向中国创造之路的思考 [EB/OL]. http://auto.sina.com.cn/news/2010-04-22/1737593176.shtml.

[113] 郭文强．我国轿车工业跨越式发展模式研究 [D]. 吉林大学，2008.

[114] 李果仁．韩国汽车工业成功经验之借鉴 [J]. 北京汽车，2010（02）：25-27.

[115] 甘旭峰，吴向鹏．国际临港产业发展趋势研究 [J]. 港口经济，2009（05）：20-23.

[116] 美国汽车发展战略过渡 [EB/OL]，(2009-2-2). http://finance.ckxx.org.cn/international/international.

[117] 贾跃飞．对汽车营销渠道模式的研讨 [D]．对外经济贸易大学，2006.

[118] 王新生，孙强，刘佳．我国汽车自主品牌的国际化研究 [J]．经济问题探索，2008 (03)：19 – 22.

[119] 金保均，王晴．韩国汽车产业成功之路及给中国的启示 [J]．产业与科技论坛，2008 (11)：25 – 27.

[120] 程振彪．中国汽车产业高速发展下的隐忧 [J]．汽车工业研究，2010 (06)：15 – 17.

[121] 陈春华．经济全球化条件下我国交通业核心竞争力研究 [D]．湖南大学，2007.

[122] 安琪．我国交通业国际化经营策略 [J]．当代经理人 2009 (11)：21 – 22.

[123] 鲁谋，李骏．在挑战中奋进 – 上汽发展启示录 [J]．上海经济，2007 (04)：61 – 65.

[124] 陈漓高．企业跨国公司在我国的扩张与我国发展汽车自主技术的对策 [D]．武汉理工大学，2007.

[125] 韩民春．跨国汽车公司对我国轿车行业市场结构的影响 [D]．武汉理工大学，2008.

[126] 中国汽车技术研究中心．汽车工业年鉴 [M]．北京：中国统计出版社，2009.

[127] 国家统计局等编．中国科技统计年鉴 [M]．北京：中国统计出版社，2002.

[128] 郑垂勇．科技统计与科技发展战略 [M]．南京：河海大学出版社，1992.

[129] 侯定王．管理科学定量分析引论 [M]．合肥：中国科技大学出版社，1993.

[130] 谢可新，等．最优化方法 [M]．天津：天津大学出版社，1997.

[131] 焦豪，李倩，杨季枫．企业技术创新管理：研究现状与关键科学问题 [J]．管理学报，2022，19 (07)：947 – 955.

[132] MartinoJ. P. Research on Development Project Selection [R]. New-York, 1995.

[133] 李延立. 浅议我国汽车市场发展趋势及对策 [J]. 哈尔滨职业技术学院学报, 2006 (07): 15 - 17.

[134] 刘单丹. 中国民营企业的国际化战略模式研究 [D]. 西南交通大学, 2007.

[135] 吕万明. 试论市场营销风险及控制 [J]. 乡镇经济, 2003 (03): 30 - 32.

[136] 谢立仁, 马彬. 论市场营销风险及控制 [J]. 西安邮电学院学报, 2008 (11): 10 - 12.

[137] 梁红波. 企业市场营销风险管理 [J]. 当代经济, 2007 (06): 30 - 32.

[138] 浅析市场营销风险及控制 [EB/OL]. http: //bbs. dichan. com/tie - 604027. html.

[139] 陈家彬. 论市场营销风险及控制 [J]. 中共浙江省委党校学报, 2002 (06): 25 - 27.

[140] 胡颖. 市场需求变异风险研究 [D]. 武汉理工大学, 2004.

[141] 卢珺. 瑞澜公司营销风险类型及规避策略研究 [D]. 对外经济贸易大学, 2006.

[142] 刘锦怡. 浅析航空市场营销风险及控制 [J]. 空运商务, 2008 (04): 15 - 16.

[143] 张娜. IT 产品营销中的风险识别与控制 [D]. 北京邮电大学, 2008.

[144] 李莹. 北京网通视频会议平台市场推广项目的实施研究 [D]. 北京邮电大学, 2009.

[145] 许晖. 外向型企业开拓国际市场的风险识别与防范: 以天津企业为例 [J]. 国际贸易, 2007 (08): 20 - 22.

[146] 孟雪, 高青, 司静波. 营销风险纳入项目管理轨道研究 [J]. 黑龙江科技信息, 2009 (10): 23 - 24.

［147］王龙．中国汽车产业国际竞争力研究［D］．武汉理工大学，2006.

［148］谢运朝．中国汽车零部件出口竞争力分析［D］．复旦大学，2010.

［149］王军雷．国际金融危机下的中国汽车出口．［J］．汽车与配件，2008（50）：20－22.

［150］李玉刚，叶凯月，方修园．技术创新对企业增长影响的研究综述与展望［J］．技术经济与管理研究，2022（06）：24－28.

［151］柳剑平，程胜琳．中国嵌入全球价值链对绿色技术创新的影响［J/OL］．科技进步与对策：1－10［2022－10－20］．http：//kns. cnki. net/kcms/detail/42. 1224. G3. 20220613. 0849. 004. html.

［152］王建国．从东风的实践看我国交通业的国际化战略［J］．汽车科技，2006（11）：11－12.

［153］绍一明，蔡启明．企业战略管理［M］．上海：立信会计出版社，2005.

［154］樊增强，宋雅楠．企业国际化动因理论述评［J］．当代经济研究，2005（09）：18－22.

［155］Jorge Rodriguez. The Internationalisation of the Small and Medium－sized Firm［J］．Prometheus，2007，25（03）：33－35.

［156］肖文，陈益君．企业国际化的影响因素［J］．中南大学学报（社会科学版），2008（02）：18－20.

［157］Johanson J Vahlne J E. The internationalization process of the firm：a model of knowledge development and increasing foreign market commitments［J］．Journal of International Business Studies，1977，8（01）：23－22.

［158］Autio E. Creative tension：the significance of Ben Oviatatt's and Patricia MacDougall's article "toward a theory of international new ventures"［J］．Journal of International Business Studies，2005（36）：9－14.

［159］任绍敏，胡茂元．上汽站在巨人肩上［J］．时代汽车，2008（10）：22－24.

[160] Souder W. E. System of Using R&D Porject Evaluation Methdos [J]. Reseacrh Mnagaemen, 1978, 21: 29 -37.

[161] Dnaila. N. Srtategies Technologiques Mehtodsd Evaluation etde seleetion des Porjecst Reeheerh. DIM Palisation NCBSE, 1983.

[162] J kson B. Deeision Methods of Evaiustion R&D Porjeest [J]. Reseacrh Mnagaement, 1983 (06): 16 -22.

[163] Sehumnna J r. Paul A, Rnasley Deerk L. Measuring R&D permance [J]. Research Technology Management. 1995, 38 (03): 45 -54.

[164] Miller R.. Applying Quality Practiees on R&D [J]. Research Technology Management, 1995. Vol. 38. IssueZ. P47 -54.

[165] EllisL. W., Curtis C. C. Measenge Customer Satisafetion [J]. Research Technology Management, 1995, 38: 45 -48.

[166] 崔雪松. 跨国公司 R&D 国际化趋势及对我国的启示 [J]. 理论界, 2005 (03): 57 -58.

[167] 李艳, 房向明. 跨国公司 R&D 特点研究 [J]. 北京理工大学学报(社会科学版), 2001 (01): 68 -70.

[168] [法] 泰勒尔. 产业组织理论 [M]. 北京: 中国人民大学出版社, 1997.

[169] 冼国明, 葛顺奇. 跨国公司 R&D 国际化战略 [J]. 世界经济, 2000 (12): 27 -31.

[170] 刘宏. 跨国公司 R&D 国际化战略的实证研究 [J]. 经济经纬, 2002 (03): 16 -20.

[171] 薛澜. 研究与开发的全球化: 中国的案例 [Z]. 天则经济研究所网站, 2000 -09 -26.

[172] 赵昌平, 等. 跨国公司 R&D 国际化的动因研究 [J]. 技术经济与管理研究, 2001 (04): 84 -85.

[173] 郭利平. 跨国公司 R&D 的全球化动力机制和中国的战略对策 [J]. 财贸研究, 2005 (05): 24 -26.

[174] 周静, 陈湛匀. 对跨国公司 R&D 分散化影响因素的分析 [J].

经济与管理，2005（03）：35－37.

［175］虞敏．跨国公司 R&D 全球分散模式选择的分析［J］．科研管理，2001（03）：138－143.

［176］陈劲，童亮．R&D 国际化的组织及管理［J］．研究与发展管理，2003（03）：1－7.

［177］刘德学．跨国公司 R&D 国际化模式与组织协调［J］．科学学与科学技术管理，2005（03）：10－13.

［178］祝影，杜德斌．跨国公司研发全球化的空间组织研究［J］．经济地理，2005（05）：620－623.

［179］龚健等．企业海外 R&D 战略联盟的进化博弈分析［J］．管理科学，2004（03）：25－29.

［180］周学勤．跨国公司与我国交通业研发竞争动态博弈［J］．中国流通经济，2005（10）：21－24.

［181］王米娜，郑其兵．企业 R&D 国际化进程中的组织学习［J］．科技创业，2005（04）：102－103.

［182］Wemer B. M. Souder W. E. Measuring R&D Performance State of the Art［J］. Research Technology Management. 1997，40（02）：34－42.

［183］TIPPing J. W. Zerffen E. Assessing the Value of your Technology［J］. Research Technology Managemet，1995（38）：22－39.

［184］Borissio ku len. a Pelijnaos Realoption Approach to R&D Porject Valuation：Can Study at Seorno［J］．S. A，2001，8（04）：67－71.

［185］李相镐．模糊聚类分析及其应用［M］．贵阳：贵州科技出版社，1994.

［186］郑垂勇．项目分析技术经济学［M］．南京：河海大学出版社，1994.

［187］侯汉平，王烷尘．R&D 知识溢出效应模型分析［J］．系统工程理论与实践，2001（09）：29－33.

［188］徐哗，陶长琪．高技术企业技术溢出与研发的机理研究［J］．科技管理研究，2005（06）：54－57.

[189] 骆品亮，向盛斌. R&D的外部性及其内部化机制研究 [J]. 科研管理，2001 (05)：56-63.

[190] 司春林，段秉乾，钱桂生. 供应链上下游企业合作研发模型选择—宝钢—大众激拼焊项目案例分析 [J]. 研究与发展管理. 2005 (02)：77-83.

[191] Kaplinsky, R. Globalization and unequalization: What can be learned from value chain analysis? [J]. Journal of Development Studies, 2000: 117-146.

[192] Luthans F, Doh J P. International management: culture, strategy, and behavior [J]. International Management Culture Strategy & Behavior, 2009, 11(263): 76.

[193] Chnadler A. D. Hagstrom P. and Solvello. eds. The Dnymaic Fimr: The Orle of Technology, Srtategy, Orgnaization [M]. Nad Regions. oxoful University press. oxofrd. 1999: 45-59.

[194] Bersehis. The Geography of lnnovation: A Cross Seetor Analysis [J]. Regional studies, 2009 (34): 13-29.

[195] Cantwell J. A. The Globalisation of Technology: What Remains of the Product Cye Model [J]. Cmabridge Journal of Eeonomies. 1995 (19): 155-174.

[196] Keller W. Geograghical Localization of Innomational Technology Diuffsion [J]. Amerien Economic Review, 2002 (92): 120-143.

[197] 加里·阿姆斯特朗，菲利普·科特勒. 市场营销教程（第六版）[M]. 俞利军译. 北京：华夏出版社，2004.

[198] 郭国庆. 市场营销学 [M]. 武汉：武汉大学出版社，2001.

[199] 吴建安. 市场营销学 [M]. 合肥：安徽人民出版社，2009.

[200] 杨锡怀. 企业战略管理 [M]. 北京：高等教育出版社，1999.

[201] 张圣亮. 市场营销原理与实务 [M]. 合肥：中国科学技术大学出版社，2003.

[202] 江淮汽车公司十二五战略规划 [EB/OL]. http://www.jac.com.cn，2011.

[203] 中国科技部. 中国科学技术指标统计方法 [M]. 北京：科学技

术文献出版社，2003.

［204］ SUNQIPENG. Trip speed measurement model of transportation mode under economic restraint condition ［J］. Traffic and Transportation Engineering, 2016, 34 (01): 25 -30.

［205］荣朝和．交通—物流时间价值及在经济时空分析中的作用［J］．经济研究，2015.20 (08)：133 -146.

［206］胡思继．综合运输工程学［M］．北京：人民交通出版社，2011.

［207］王成新，等．高速公路与城市发展论［M］．济南：山东大学出版社，2011.

［208］刘秉镰，武鹏．交通基础设施与中国全要素生产率增长［J］．中国工业经济，2013，264 (03)：54 -64.

［209］王一鸣．中国经济新一轮动力转换与路径选择［J］．管理世界，2017 (02)：26 -33.

［210］刘伟．经济新常态与供给侧结构性改革［J］．管理世界，2016 (07)：56 -61.

［211］贾康，苏京春．论供给侧改革［J］．管理世界，2016 (03)：46 -51.

［212］来逢波．山东省区域经济空间格局与综合交通企业协调发展的测度与适应性评价［J］．东岳论丛，2014 (06)：56 -62.

［213］来逢波．综合运输体系对区域经济空间格局的塑造与优化研究［M］．北京：经济科学出版社，2014.

［214］黄泰岩．中国经济的第三次动力转型［J］．经济学动态，2014 (02)：28 -34.

［215］王修鹏：高蕾红．标准化视角下供给侧结构性改革试探［J］．中国标准化，2017 (05)：26 -31.

［216］赵丽娜．产业转型升级与新旧动能有序转换研究——以山东省为例［J］．理论学刊，2017 (02)：46 -51.

［217］黄颖．产业转型升级的方向、途径和思路［J］．中国经贸导刊，2015 (22)：36 -41.

[218] 贾建忠．产业转型升级的群效应研究 [J]．华南理工大学学报，2012（01）：46－51.

[219]李伟．坚定信心主动作为在深化合作中不断创造“一带一路”发展新机遇 [J]．管理世界，2017（01）：29－38.

[220] 薛求知，朱吉庆．我国交通业国际化经营：动因、战略与绩效——一个整合性分析框架与例证 [J]．上海管理科学，2008（01）：49－58.

[221] Miller，Myron M.（1993）. Executive Insights：The 10 stepsroad map to success in foreign markets. Journal of International Marketing，1（02）：89－100.

[222] 葛剑雄，林毅夫．改变世界经济地理的“一带一路”[M]．上海交通大学出版社，2015.

[223] 王宏新，毛中根．企业国际化阶段的理论发展评述 [J]．上海经济研究，2007（02）：59－68.

[224] Yip，George S.，Biscarri，Javier Gomez and Monti，Joseph A. 2000，The Role of the Internationalization Process in the Performance of Newly Internationalizing Firm，Journal of International Marketing，8（03），10－35.

[225] Forsgren M.（2002）：The Concept of Learning in the Uppsala Internationalization Process Model：A Critical Review，International Business Review 11，257－277.

[226] 王洋．关于我国交通业走向国际的战略思考 [J]．国际贸易，2009（05）：15－18.

[227] 张瑞凤．全球价值链下我国交通业国际化路径：一个国际化比较视角 [D]．西南财经大学，2013：47－63.

[228] [美] Bersehis. The Geography of lnnovation：A Cross Seetor Analysis [J]．Regional studies，2009（06）Vol. 2，No. 3，81－108.

[229] Johason，J.，and J. E. Vahine（1990）：The Mechanism of Internationalization，International Marketing Review，Vol. 7，No. 4，11－24.

[230] 袁新涛．“一带一路”建设的国家战略分析 [J]．理论月刊，2014（11）：45－59.

[231] [英] Jenney B. Bridge of international exchange and cooperation：

"one Belt And One Road" stategy [J]. American Politacal Science Review 2016 (01) Vol. 6, No. 2, 81 - 88.

[232] [美] Keller Geograghical Localization of Innomational Technology Diuffsion [J]. American Economic Review, 2002 (02) Vol. 4, No. 3, 91 - 108.

[233] [日] 小岛清. 对外贸易论 [M]. 南开大学出版社, 1987: 46 - 57.

[234] 鲁桐. WTO 与我国交通业国际化 [M]. 经济管理出版社, 2007: 26 - 37.

[235] 王宏新, 毛中根. 国际化阶段的理论发展评述 [J]. 上海经济研究, 2007 (06): 35 - 39.

[236] 李世财. "一带一路"与人民币国际化的战略契机分析 [J]. 学习与探索, 2015 (11): 15 - 18.

[237] 徐明棋. 我国交通业国际化经营面临的挑战与对策 [J]. 世界经济研究, 2003 (03): 15 - 29.

[238] [美] Autio E. Creative tension: the significance of Ben Oviatatt's and Patricia MacDougall's article "toward a theory of international new ventures" [J]. Journal of International Business Studies, 2005, (36) Vol. 7, No. 3, 121 - 128.

[239] 郭赞伟. 我国交通业国际化的策略思考 [J]. 生产力研究, 2009 (16): 101 - 102.

[240] 贾驰. 企业规模、企业创新对企业国际化的影响 [J]. 企业物流, 2010 (41): 45 - 46.

[241] 吕庆华. 我国交通业发展的制约因素及对策分析 [J]. 北方经贸, 2004 (02): 45 - 46.

[242] 崔太康. 企业国际化经营策略 [J]. 国际市场, 2011 (07): 85 - 88.

[243] 陈乃醒. 我国交通业发展现状及对策研究 [J]. 武汉理工大学学报 (社会科学版), 2004.

[244] 董惠梅. 跨国战略联盟——我国交通业国际化的战略选择 [N]. 河南金融管理干部学院学报, 2003.

[245] 狄娜. 我国交通业的现状与发展 [C]. 我国交通业改革与发展

研讨会暨我国交通业管理研究会2012年年会论文集.

[246] 傅晓军. 我国交通业国际化经营中存在问题及对策分析 [J]. 企业导报, 2009 (10): 60-61.

[247] 郭赞伟. 我国交通业国际化经营的策略思考 [J]. 生产力研究, 2009 (16): 104—105.

[248] 杭言勇. 浙江省企业国际化过程中“抱团”策略的实证分析, 国际商务——对外经济贸易大学报 [N]. 2009 (03): 48—51.

[249] 贾驰. 企业规模、企业创新对企业国际化的影响 [J]. 企业物流, 2010 (41): 45—46.

[250] 康晨. 我国交通业发展战略对策 [J]. 中国商贸, 2011: (14).

[251] 吕庆华. 我国交通业发展的制约因素及对策分析 [J]. 北方经贸, 2004.

[252] 钱小利. 我国交通业发展现状及对策研究 [J]. 重庆邮电学院学报 (社会科学版), 2004: (05).

[253] 钱海燕, 张骁. 基于企业家视角的企业国际化研究 [J]. 科技进步与对策, 2009: (19).

[254] 田家林, 徐立岗, 王丰. 我国交通业国际化分析 [J]. 经济师, 2008 (12): 229—230.

[255] 汪秀英. 企业内向型国际化 [J]. 经济与管理研究, 2001: (04).

[256] 谢晓辉. 企业国际化成长的对策研究 [J]. 东华理工大学学报 (社会科学版), 2008: (03).

[257] 赵锦春, 冯德连. 企业国际化制约因素的研究综述与趋势 [J]. 阜阳师范学院学报 (社会科学版), 2009: (6).

[258] Asuman Atik, A Strategic Investment Decision: “Internationalization of SME”: A Multiple Appraisal Approach and Illustration with a Case Study, 2012.

[259] Autio E, Sapienza HJ, Almeida JG. Effects of age at entry, knowledge intensity, and imitability on international growth. Acad Manage J, 2000, 43 (5): 909-924.

[260] Beh KIN, Young S. Exporting as an entrepreneurial act an empirical study of Nigerian firms. Eur J Mark 2001, 35 (05/06): 566 – 586.

[261] Brush C, Chaganti R. Business without glamor An analysis of resources on performance by size and age in small service retail firms. J Bus Venturing 1998 (14): 233 – 257.

[262] Fletcher D. International entrepreneur ship and small business. Entrepreneurship Reg Dev 2004 (16): 289 – 305 (July).

[263] Ibeh KIN. Toward a contingency framework of export entrepreneurship: conceptualisations and empirical evidence. Small Bus Ec on 2003 (20): 49 – 68.

[264] Igor Kalinic and Cipriano Forza, Rapid internationalization of traditional SME: Between gradualist models and born global, 2011.

[265] Louis T. Well. (1983). Third World Multinationals: the rise of foreign investment from developing countries. The MIT Press.

[265] 南江霞，张莉，张茂军，李登峰．云服务供应链多人合作与技术创新决策的两型博弈模型 [J]．系统工程理论与实践，2021，41 (07)：1771 – 1783.

[266] 鲁梁宇．从企业国际化看我国交通业的国际化 [J]．世界经济与政治研究所，2004：(05).

[267] 郝君富，李心愉．失业保险制度机制设计的国际比较与启示 [J]．兰州学刊，2018 (08)：173 – 185.

[268] 刘志彪．我国交通业国际化的战略选择 [J]．新华文摘，2004.

[269] 李雪涛，王逸雯．绿色技术创新中多元异质性主体演化博弈研究 [J/OL]．运筹与管理：1 – 10 [2022 – 10 – 20]．http://kns.cnki.net/kcms/detail/34.1133.G3.20220901.1818.002.html.

[270] 刘华军，郭立祥．中国创新力的空间差异及其来源结构分解 [J]．经济与管理评论，2021，37 (04)：125 – 136.

[271] 陈劲．关键核心技术“卡脖子”的突破路径 [J]．高科技与产业化，2021，27 (02)：36 – 39.

[272] 吴画斌，许庆瑞，陈政融．创新驱动下企业创新能力提升路径及

形成机理——基于单案例的探索性研究［J］. 科技管理研究，2020，40（10）：1－9.

［273］苏敬勤，欢欢，张帅. 中小制造企业技术创新能力演化机理研究［J］. 科学学研究，2020，38（10）：1888－1898.

［274］高照军，武常岐. 制度理论视角下的企业创新行为研究——基于国家高新区企业的实证分析［J］. 科学学研究，2014，32（10）：1580－1592.

［275］陈晓红，蔡莉，王重鸣，李新春，路江涌，杨俊，葛宝山，赵新元，吴刚. 创新驱动的重大创业理论与关键科学问题［J］. 中国科学基金，2020，34（02）：228－236.

［276］李垣，魏泽龙. 我国交通业创新40年［J］. 科研管理，2019，40（06）：1－8.

［277］吴画斌，许庆瑞，李杨. 创新引领下企业核心能力的培育与提高——基于海尔集团的纵向案例分析［J］. 南开管理评论，2019，22（05）：28－37.

［278］曾赛星，陈宏权，金治州，苏权科. 重大工程创新生态系统演化及创新力提升［J］. 管理世界，2019，35（04）：28－38.

［279］田志龙，陈丽玲，顾佳林. 我国政府创新政策的内涵与作用形成机理：基于政策文本的内容分析［J］. 中国软科学，2019（02）：11－22.

［280］毛蕴诗，孙赛赛. 技术创新与产品替代：我国交通业国际化进程研究［J］. 当代经济管理，2016，38（04）：12－20.

［281］李凡，李娜，林汉川. 中国技术创新政策的测度及演进研究［J］. 软科学，2015，29（11）：6－10.

［282］邢小强，周江华，仝允桓. 包容性创新：概念、特征与关键成功因素［J］. 科学学研究，2013，31（06）：923－931.

［283］徐二明，杨正沛，奚艳燕. 技术创新资源对高新技术产品出口绩效的影响：来自52个国家高新区的证据［J］. 科学管理研究，2011，29（01）：10－15＋20.

［284］司岩. 我国交通业国际化实证与战略［M］. 北京：企业管理出版社，2003.

[285] 谈萧. 中国“走出去”发展战略 [M]. 北京：中国社会出版社，2003.

[286] 周清杰，廖运风. 跨国并购与外商直接投资进入方式探析 [J]. 国家行政学院学报，2004 (04)：85.

[287] 王志乐. 走向世界的中国跨国公司 [M]. 北京：中国商业出版社，2004.

[288] 邓洪波. 我国交通业“走出去”的产业分析 [M]. 北京：人民出版社，2004.

[289] 彭迪云，甘筱青. 跨国公司发展论 [M]. 北京：经济科学出版社，2004.

[290] 高敏雪. 对外直接投资统计基础读本 [M]. 北京：经济科学出版社，2005.

[291] 章王贵. 中国跨国公司对国家经济发展的战略意义 [J]. 商业时代，2005.

[292] 邵祥林. “走出去”国际化——中国经贸强国之路 [M]. 北京：中国经济出版社，2005.

[293] 盛亚，单航英. 我国交通业跨国成长战略研究 [J]. 甘肃社会科学，2006.

[294] 王晓红. 利用外资与中国经济新跨越 [M]. 北京：社会科学文献出版社，2006.

[295] 杨瑾，王雪娇. 基于逆向研发外包的装备制造企业突破性技术创新影响因素研究 [J]. 技术经济，2022，41 (07)：48 - 61.

[296] 李井林，阳镇，陈劲，崔文清. ESG 促进企业绩效的形成机理研究——基于企业创新的视角 [J]. 科学学与科学技术管理，2021，42 (09)：71 - 89.

[297] 董志勇，李成明. “专精特新”企业高质量发展态势与路径选择 [J]. 改革，2021 (10)：1 - 11.

[298] 许庆瑞，李杨，吴画斌. 市场形成机理与非市场形成机理下的技术转移，哪种有利于提升创新能力？[J]. 管理工程学报，2020，34 (04)：

196－206.

［299］李玉花，简泽．从渐进式创新到颠覆式创新：一个技术突破的形成机理［J］．中国工业经济，2021（09）：5－24.

［300］中华人民共和国国务院新闻办公室．中国交通的可持续发展白皮书［Z］．2022.12.

［301］中华人民共和国国务院新闻办公室．中国交通运输发展白皮书［Z］．2016.12.

［302］国家发展改革委、外交部、商务部．推动共建丝绸之路经济带和21世纪海上丝绸之路的愿景与行动［Z］．2015.3.

后　记

白驹过隙，时光荏苒！科学研究写作、课题项目申报、教学教研工作在我从教以来相互交错进行、劳繁往复，终愿以梦为马，永不负韶华！个人科学研究水平与教学能力也在艰苦探索与反复求证的实践中有了一点点进步，在由一系列艰苦研究成果撰写而成的书稿即将付梓出版之际，谨向给予我无私帮助和默默支持的各位领导、同事、朋友及家人表达我最真挚的谢意和最崇高的敬意！

谆谆教诲，传道授业！感谢各级领导、师长和同事的大力帮助和支持，特别要感谢山东交通学院来逢波教授、耿中元教授、李文义教授、李秀菊副教授等各位教授的指导和帮助！学贵为师，亦和之为友，诸位领导和前辈对我的提携、帮助和支持使我少走了许多弯路，使我逐步知晓了一些本领域的研究方法和治学思路。河海大学商学院资深博导郑垂勇、赵敏教授、史安娜教授，中国科学技术大学管理学院梁樑教授、古继宝教授、张圣亮副教授，合肥工业大学杨善林教授、傅为忠教授、李德明教授，中原工学院经管学院任方旭副教授，河南工业大学段涛副教授，等等，他们为本书的论证、写作与修改、完善和提升提供了许多有益的指导意见和多方面的帮助，使我能有较为充足的时间和精力投入到各个阶段的研究。

细雨和风、润物无声！在这里要特别感谢中国财政经济出版社的编辑，感谢他们为本书的最后出版付出的辛苦劳动！山东交通学院的聂云霞副教授、赵秀芳教授、赵品华副教授、苏杨珍副教授、杨京波博士、张文坤博士、张志英博士等也多次参与研究论证，协助进行资料调研和整理分析，参与相关研究报告的撰写和修改，为本书的顺利出版提供了大量无私的帮助，在此一并表示深深的感谢！

书页翻过，往事翩翩！本书参考借鉴了众多前人的研究成果，他们的学术贡献和研究成果为本书奠定了研究的理论基础，在这里对书中列出和未能列出的国内外专家学者，一并表示最诚挚的谢意。

寸草春晖，山高海深！感谢我的家人，多年来任劳任怨的付出和无怨无悔的支持，时刻激励着我在感恩中砥砺前行！在平时的学习、工作和生活中我经历了许多困难和挑战，是家人在我身后默默地支持、鼓励，使我有耐心和毅力完成书稿，让我在疲惫和倦怠之时感受到家庭的温馨和快乐。

机缘相逢，永生有幸！在此期间，很多同行单位无私帮助，使我获得了很多行业的各类数据，还有许多朋友，均给予了热情的关心和帮助，这时刻督促和激励我不断坚持，向所有对我学习和工作给予帮助的每一位朋友表示我最诚挚的谢意！

由于作者水平所限，书中肯定存在诸多错误和不足之处，祈盼各位学术前辈和同仁多多指正，不吝批评！

陈积志

山东省济南市·山东交通学院

2.9